I知人
 cons

胶囊式传记 记取一个天才的灵魂

LEONARD BERNSTEIN
PAUL R. LAIRD

伦纳德·伯恩斯坦

〔美〕保罗·R.莱尔德 著　安帅 译

上海文艺出版社

献给查尔斯·阿特金森、赫伯特·S. 利文斯顿
和詹姆斯·W. 普鲁厄特
——是他们让我走上了学术之路

目录

绪论   001

1 "在钢琴边有安全感":
伯恩斯坦的青春岁月,1918—1939   007

2 "库赛维斯基的精神":
伯恩斯坦开发指挥之才,1939—1943   025

3 "我在卡耐基音乐厅有了宽敞体面的公寓":
求索时代,1943—1951   047

4 "我显然必须要为长大后成为什么样的
人作出决定":向作曲靠拢,1952—1957   091

5 "归根到底,我要成为一名指挥家!":
爱乐乐团首席,1957—1969   135

6 "我知道答案是'是'":
  盛名之下的生活，1969—1978　　　　　　185

7 "岁月催人老，魑魅魍魉多"：
  音乐终章，1978—1990　　　　　　　　225

8 最后的评判　　　　　　　　　　　　　　255

参考文献精选　　　　　　　　　　　　　　265
音乐唱片和录影精选　　　　　　　　　　　267
致谢　　　　　　　　　　　　　　　　　　273
照片致谢　　　　　　　　　　　　　　　　277

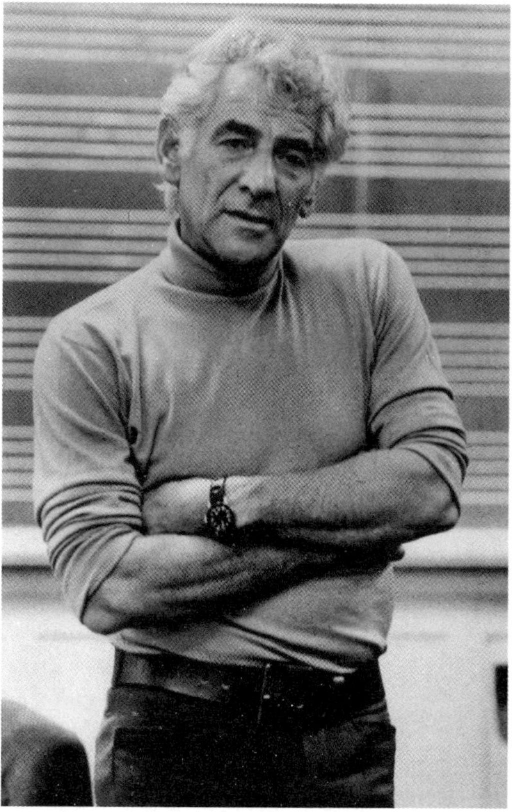

绪论

伦纳德·伯恩斯坦（Leonard Bernstein）的职业生涯何其多面，要将其浓缩到六个瞬间实属不易。不过，若简要考量其职业生涯早期的五个瞬间，再加上一个截取自其晚年、最能诠释这一享誉全球之大人物的事件，则能对何以成就这样一位功力深厚、多才多艺的音乐家有所启迪。这些际遇间隔的近五十载岁月，恰恰收纳了几个世纪以来极为罕见的一段音乐生涯，而这离不开在他早年就展露出的才华和自信。

1943年2月17日，彼时24岁籍籍无名的伯恩斯坦代替阿隆·科普兰（Aaron Copland），在纽约的市政厅音乐论坛上演奏后者的《钢琴奏鸣曲》（Piano Sonata）——这次论坛实为向这位作曲家致敬，他的两支管弦乐组曲同样得到演奏。科普兰当时正在加州忙于一部电影的配乐、分身无术，因此在论坛举办前不久让他的这位年轻朋友代替自己演奏这支奏鸣曲。伯恩斯坦本是一位杰出的钢琴家，又对科普兰的音乐怀有特殊的感情，很快就带来了一场足以打动纽约音乐精英阶层的精彩演出。据报道称，他为随后的小组专题讨论作出了重要贡献。

1943年8月底，伯恩斯坦被纽约爱乐乐团的新任音乐总监阿图尔·罗津斯基（Artur Rodzinski）任命为乐团的助理指挥，而在11月14日，他便走上卡耐基音乐厅的舞台，成为一场全国直播的音乐会的管弦乐指挥。现场观众本来期待看到的是杰出的德国指挥家布鲁诺·沃尔特（Bruno Walter），相反，却见证了一位美国土生土长的年轻指挥家无与伦比的处子秀。次日这一事件登上纽约诸报纸头版，伯恩斯坦就此一炮而红，这距离他接受新岗位才过去了两个月多一点的时间——要知道这也并不是一个总能为音乐家带来盛名的岗位。

1944年冬天，伯恩斯坦指挥匹兹堡交响乐团完成了自己的《第一交响曲（耶利米）》（*Jeremiah*）的首演，而后指挥波士顿交响乐团再次演奏此曲，三周之内在两座城市双双取得成功——前者是由伯恩斯坦在柯蒂斯音乐学院的指挥系教授弗里茨·莱纳（Fritz Reiner）领衔的乐团，而后者是由伯恩斯坦的导师谢尔盖·库赛维斯基（Serge Koussevitzky）领衔的。

仅仅数月之后，伯恩斯坦成为杰罗姆·罗宾斯（Jerome Robbins）编舞的重磅芭蕾舞剧《自由幻想》（*Fancy Free*）的作曲者。该舞剧于1944年4月18日在大都会歌剧院首演。由于其中有一段情节是围绕三名告假的美国水兵在战时纽约一间酒吧的夜生活展开，该芭蕾舞剧恰如其分地顺应了时局，轰动一时。为了满足更多观众的需求，经纪人索尔·胡洛克（Sol Hurok）将该剧在这个巨型场馆的演出季延长了两个星期。此后，《自由幻想》开启了巡演之路。

《自由幻想》的剧本后来被改编为百老汇音乐剧，名为《锦城春色》(*On the Town*)，在1944年12月28日首演。罗宾斯再度担当编舞，而伯恩斯坦和两位词人、同时也是自己的朋友贝蒂·科姆登（Betty Comden）和阿道夫·格林（Adolph Green）一起完成了配乐——这二人也是剧本的作者。行家里手的百老汇总监乔治·阿博特（George Abbott）为这个项目引入了必要的投资，助其红极一时，上演达462场。

这五次良机皆出现在不到两年之内，伯恩斯坦也借其展示出自己在五个成名领域的惊世之才：钢琴家、评论家、指挥家、诸如交响乐和芭蕾舞配乐这样的古典体裁的作曲家，以及百老汇音乐剧的作曲家。诚然，在伯恩斯坦之前也曾有多才多艺的音乐家引爆音乐圈，但能有如此之大的公众影响或是涉足如此之多领域的，在美国尚无先例。到20世纪40年代末，他的指挥事业走向国际，无论是在欧洲还是在以色列这样的新兴国家都是一大胜景。此后，伯恩斯坦的非凡成就仍在延续：登上美国电视担当音乐教育家，包括《西区故事》(*West Side Story*)在内的百老汇音乐剧问世，受聘纽约爱乐乐团音乐总监这一瞩目职位，与维也纳爱乐乐团合作等。由此，在第二次世界大战之后的几十年间，伯恩斯坦开创了西方世界独树一帜的音乐生涯。

对伯恩斯坦的盛名和重要性的一次绝佳验证出现在1989年柏林墙倒塌之后。在其商业机构的协同下，伯恩斯坦于圣诞节当日在东柏林的大剧院组织了一场演出，在电视直播和录像之下指挥演奏了贝多芬（Beethoven）的《第九交响曲》（Symphony no. 9）。他集结了四位独唱家、巴伐利亚广播交响乐团及合唱团，还有来自德累斯顿、列宁格勒、伦敦、纽约和巴黎的管弦乐团成员——此举极具象征性，因为这些城市代表着东德和四十多年前占领战败的柏林及其余德国领土的一众国家。为了庆祝这一时刻，伯恩斯坦修改了该交响曲的文本，在席勒（Schiller）著名的《欢乐颂》中惊呼"啊，自由"而非"啊，欢乐"。这一改看似不敬，实则与伯恩斯坦对于这一历史时刻的感悟全然契合。如此壮举出自一位犹太裔美国指挥家之手，这似乎至今都令人难以置信。

出现在下文字里行间的伦纳德·伯恩斯坦涵盖了作为公众人物的伯恩斯坦的形象——这是一位秉异天赋的管家和受益者，正是这些天赋成就了他的事业。以这样一本传记的长度，绝无可能全方位覆盖这样一种被异常忙碌的生活填满的职业生涯，不过他作为指挥家、作曲家和公共音乐教育者的多数成就都得到了可谓详实的记录。此外，私生活中的他也将得到描述——这是一个在他的朋友看来忠诚、慷慨、合群、诙谐的人，又是一个勇于与那些为其生活制造困难或前来搅局的恶鬼进行搏斗的人。

  他无法专注于音乐事业的单一领域,指挥和作曲两种欲望让他长期陷入挣扎之中。他逐快感而心不足——烟、性、食、酒、派对样样俱全——必然对健康有损,很可能缩短了其寿命。此外,伯恩斯坦虽为同性恋,但从小受到犹太信仰的教化,不得不娶妻成家;尽管他爱着妻子,但这样迫于无奈做出的妥协致使二人的关系变得错综复杂。伯恩斯坦对于诸多自由理想和以色列怀有热情,这占据其生活的一大部分,也会在本文的叙述中凸显出来。伯恩斯坦最令人着迷的地方可能是其海纳百川般的秉性——他渴望与尽可能多的人、尽可能多的思想发生邂逅、交集——他性格的这一面也将见诸本书始末。

1 "在钢琴边有安全感":伯恩斯坦的青春岁月,1918—1939

就伦纳德·伯恩斯坦的家庭背景而言,很难看出他日后能成为他这一代人中数一数二的音乐家——才华横溢、盛名在外。[1] 19世纪末、20世纪初,为了躲避大屠杀以及沙俄对于其生活的重重限制,身处乌克兰的犹太人兴起前往美国的移民潮,其中就包括伯恩斯坦的父母。他的父亲什穆埃尔·伯恩斯坦(Shmuel Bernstein)是一位正统派拉比之子,在16岁那年瞒着父母逃离了其所在的别列兹季夫村,最终来到了纽约。[2] 他以塞缪尔·伯恩斯坦(Samuel Bernstein)的名字示人,以在富尔顿鱼市收拾鱼为业,自此开始了自己的美国生活。后来,他先是在他叔叔开在康涅狄格州哈特福德市的理发店

---

[1] 本章标题中的引文出自艾伦·肖恩(Allen Shawn)所著的《伦纳德·伯恩斯坦:一位美国音乐家》(*Leonard Bernstein: An American Musician*)(康涅狄格州纽黑文市,2014),第22页。
[2] 对于伦纳德·伯恩斯坦家庭背景和童年经历最完整的论述出现在汉弗莱·伯顿(Humphrey Burton)所著的《伦纳德·伯恩斯坦》(*Leonard Bernstein*)(纽约,1994)中,第3—18页。

打工，而后以供销商的身份进入了美发行业，开创了塞缪尔·伯恩斯坦美发公司，收入颇丰，践行了美国梦。20世纪20年代早期，他真正时来运转、迎来上升期，成为一个早期烫发机在新英格兰地区的分销商。1917年，他与查娜·雷斯尼克（Charna Resnick）结婚。查娜一家来自乌克兰的舍佩蒂夫卡，与塞缪尔的出生地相隔不远。在查娜小的时候，她家搬到了波兰；1905年，她跟随母亲来到美国，在马萨诸塞州的劳伦斯定居下来——她的父亲已先行赴美，在这里的一家纺织厂打工。这位人们口中的"珍妮"（Jennie）喜欢嬉闹，与严肃的塞缪尔一点儿也不搭调——后者有读《塔木德》（Talmud）的习惯，并经常对其进行引用。塞缪尔性情阴郁，需要感觉到关爱，因此在婚后初期二人之间矛盾不断、分分合合。他们不幸的结合一直延续到1969年塞缪尔去世，其间共育有三个子女：伦纳德（生于1918年）、雪莉（Shirley，生于1923年）和伯顿（Burton，生于1932年）。山姆[1]和珍妮之间剑拔弩张的关系是其家庭生活的常态，因此三个小孩儿在成长过程中过从甚密，特别是伦纳德和雪莉二人，而伯顿一生也与哥哥姐姐联系紧密。

伦纳德·伯恩斯坦于1918年8月25日出生在劳伦斯——珍妮在待产期间回到了自己的娘家。这孩子看起来

---

[1] 山姆（Sam）是塞缪尔（Samuel）的简称。——译者注

弱不禁风，还患有哮喘，需要人仔细照料。不过，他在大约十八个月大的时候就口齿伶俐，早早地展现出自己的聪颖天资。他在法律上的名字是"路易斯"（Louis）——这是她母亲的祖父或外祖父的名字，也是她弟弟的名字——不过他父母总是叫他"伦纳德"，而他在16岁那年正式将自己的名字改为伦纳德·伯恩斯坦。长大后的伦纳德十足是自己双亲的结合体：他勤勉、虔诚，有时候还会受阴郁情绪所累，就像他父亲一样；而他又喜欢嬉戏，可以做到热情洋溢，这一点随了他母亲，并且和她一样对电影和其他各类演艺事业感兴趣。

伯恩斯坦在孩童时候就对音乐着魔——他敲邻居家的门，要他们来点 moynik（音乐），希望有人能弹一下钢琴。据珍妮回忆，她一用胜利留声机放歌，儿子就能安静下来。父亲对正当音乐的热情也让伯恩斯坦耳濡目染，比如他会看到父亲在派对上用哈西迪派的方式翩翩起舞。珍妮早些年也表现出对音乐的热爱，这从有一次她溜出家门、尾随一个克莱兹默乐队到镇子的另一边这一轶事中可见一斑。

1923年，塞缪尔开始带一家人去位于波士顿的会幕祈祷神庙——这是该市最早的保守派犹太会堂，许多像伯恩斯坦家一样渐渐挣到钱的移民家庭来此集会。正是在这里，伯恩斯坦家8岁的大儿子开始去希伯来学校上学，并且生平第一次现场听到了管风琴和唱诗班的演奏——担当指挥的是所罗门·格雷戈里·布拉斯拉夫斯基（Solomon

Gregory Braslavsky, 1887—1975）这位杰出的音乐家。他于1928年离开维也纳，来此负责神庙的音乐事宜，对于早年的伯恩斯坦具有重要影响，并且二人在数年间一直保持往来。[1]

1928年，伯恩斯坦从对音乐的钟爱中找到了个人的聚焦点。这一年，他的姑姑克拉拉（Clara）搬去了布鲁克林，把一张沙发和一架立式钢琴留在了兄弟家中。此后不久，伯恩斯坦试着靠听觉来分辨音调，并且开始随弗里达·卡普（Frieda Karp）上课。这位来自邻家的年轻女士发现，自己的这个学生正在朝着巴赫（Bach）、门德尔松（Mendelssohn）和肖邦（Chopin）的方向全速前进。之后，由于指导伯恩斯坦已非力所能及，她建议他去新英格兰音乐学院求学。在这里，他找到了苏珊·威廉姆斯（Susan Williams）。尽管威廉姆斯对钢琴技艺持有的观点离经叛道，令他望而却步，但她很快带他走入高阶音乐世界，让他接触到帕代雷夫斯基（Paderewski）、勃拉姆斯（Brahms）、李斯特（Liszt）和贝多芬等作曲家的作品。[2] 他开始对作曲感兴趣，写了不同版本的曲子，问他母亲喜欢哪些。他可以写出在收音机上听到的音乐，不断开发自己听声辨音的演奏才能。

---

[1] 伯顿，《伦纳德·伯恩斯坦》，第9页；乔纳森·萨尔纳（Jonathan D. Sarna），"伦纳德·伯恩斯坦和他少年时代的波士顿犹太社区"，《美国音乐协会期刊》（*Journal of the Society for American Music*），iii/1（2009），第35—39页。
[2] 伯顿，《伦纳德·伯恩斯坦》，第17页。

伯恩斯坦经常在他的朋友米尔德里德·施皮格尔（Mildred Spiegel）家的大钢琴上练习，后者鼓励他去找波士顿顶尖的钢琴老师海因里希·格布哈特（Heinrich Gebhard）试奏。格布哈特将伯恩斯坦交给自己的助手海伦·科茨（Helen Coates）来带，她后来成为伯恩斯坦一生中一位举足轻重的人物。伯恩斯坦整个高中时期都随她上课，课程安排在一天最末，这样二人才有时间把伯恩斯坦能够驾驭的曲目都过一遍，同时她也可以帮助他把自己的作品标记成谱。科茨只比伯恩斯坦的母亲小一岁，在认识到自己这个学生的才能之后，成了他忠实的守护者。伯恩斯坦于1944年起在音乐世界蹿红之后，她放弃了自己的事业，成了他的秘书和知己，在这个岗位上一直做到1989年去世为止。伯恩斯坦曾说他"在钢琴边有安全感"[1]，而这样的安全感无疑延伸到他随科茨上的那些钢琴课。伯恩斯坦之所以能够找到一名音乐家必备的专业领域和重心、而后予以锤炼打磨，科茨可谓居功至伟。

伯恩斯坦对于音乐的兴趣让他的父亲震惊不已。开始的时候，他还愿意为那些钢琴课买单，但后来却因为儿子深夜还在弹琴生起气来。山姆·伯恩斯坦对于音乐家的认识停留在乌克兰的那些克莱兹默乐队——这些人一贫如洗，为几分钱演出。他无法将音乐当作自己儿子的一种职业可

---

[1] 肖恩，《伦纳德·伯恩斯坦：一位美国音乐家》，第22页。

能，更愿意看到他子承父业、接过家族事业。随着钢琴课变得越来越贵，山姆有时候拒绝拿钱出来，使得他儿子不得不自己赚钱上课——或是教左邻右舍的小孩儿，或是和朋友一起在派对上演奏爵士和蓝调。但是，在神庙集会上，还有在 1932 年至 1933 年冬天父子二人一起从迈阿密出海巡游途中，看到儿子表演钢琴独奏，一旁注视的父亲倍感骄傲，也着实为儿子的才能感到高兴。1935 年，他花钱在广播上为自己的生意做广告，让这位含苞待放的音乐家作为钢琴独奏者在一系列的 15 分钟栏目中登场。[1] 1932 年，为给巴勒斯坦的犹太慈善事业募集资金，山姆所在的神庙在波士顿的一场流行音乐会上预留了几桌位子。山姆带了伦纳德同去，当拉威尔（Ravel）的《波莱罗舞曲》（*Bolero*）压轴登场时，父子二人皆如中了定身术一般。山姆出资让儿子去听一些波士顿交响乐团的音乐会，还为他买下了格什温（Gershwin）的《蓝色狂想曲》（*Rhapsody in Blue*）的钢琴曲，因为伯恩斯坦第一次听到就喜欢上了这支曲子，但要让山姆相信伦纳德注定会开启音乐生涯却着实不易。1934 年 5 月 14 日，伯恩斯坦和波士顿公立学校交响乐团一起演奏了格里格（Grieg）的 A 小调《钢琴协奏曲》（Piano Concerto）的第一乐章。他的父亲没有出席这场音乐会，这也使得海伦·科茨给山姆写信表达自己的失望

---

[1] 伯顿，《伦纳德·伯恩斯坦》，第 26 页。

之情。山姆在回信中表达了作为一个父亲对于伯恩斯坦所取得进步的满意,但他同时指出,"从实际的角度来看,我更加愿意他不把音乐作为将来维持生计的手段"[1]。不过,需要注意的是,山姆后来供儿子去哈佛攻读音乐学位,为他的未来做出了一笔重要投资。

尽管有来自父亲的阻力,年少时候的伯恩斯坦仍然恣意地追逐着音乐。他教雪莉钢琴,两人一起以四手联弹的方式解读交响乐曲目,一起处理歌剧的配乐,兼顾人声部分和钢琴伴奏。走出家门,伯恩斯坦也找到了音乐伙伴,特别是只比他小几个月的邻家男孩锡德·拉明(Sid Ramin)——他们有时候会一起学习钢琴和理论,还会钢琴二重奏。拉明后来成为作曲家、编曲家和指挥家,开创了不凡的音乐事业,并以管弦乐编曲家的身份助力伯恩斯坦的音乐项目,比如《西区故事》和《弥撒》(*Mass*)。[2]

山姆·伯恩斯坦的财富不断增长,即使是在大萧条时期也是如此,因为人们仍然不得不打理头发。他为家人在马萨诸塞州的沙伦镇建了一栋小型的湖景别墅,伦纳德正是在这里第一次展现出了自己对于音乐剧的喜爱。1934年和1935年,他先后制作出品了社区版的比才(Bizet)的《卡门》(*Carmen*)及吉尔伯特(Gilbert)和沙利文

---

[1] 肖恩,《伦纳德·伯恩斯坦:一位美国音乐家》,第29页。
[2] 关于拉明的生平资料,参见史蒂文·萨斯金(Steven Suskin)所著的《百老汇音乐之声:一本关于编曲家和编曲的书》(*The Sound of Broadway Music: A Book of Orchestrators and Orchestrations*)(牛津和纽约,2009),第72—78页。

(Sullivan)的《天皇》(The Mikado),出演的有伯恩斯坦、他的妹妹以及他们的朋友。这些剧中不乏当地的笑谈,还有对犹太人和集体生活讽刺性的指射。《卡门》的讽刺性十足,其中合唱团的女成员个个头戴雅尔牟克(yarmulkes)圆顶小帽、留着长须,男女两位主人公则是由反串演员完成——伯恩斯坦扮演的是标题人物。他意识到自己这一代人受到美国同化的程度要远高于父母那一代,这也是为什么他会和妹妹以及朋友埃迪·里亚克(Eddie Ryak)一起创造了一种名叫"里伯恩语"(Rybernian)的语言。这一人造语言被用在他们私下的笑话和交流之中,而且被用来取笑移民口音。伯恩斯坦兄妹在一起的时候会讲里伯恩语,一辈子皆是如此。

伯恩斯坦一直在波士顿的公立学校接受教育。1929年,他从威廉·劳埃德·加里森学校(William Lloyd Garrison School)六年级毕业,其后进入著名的波士顿拉丁学校(Boston Latin School)。该校课程设置严酷——其中包括每晚翻译40行拉丁文——每三个入学的学生中就有两个要被赶跑。伯恩斯坦在众多学术领域崭露头角、屡获殊荣,铸就了令人敬畏的才智。在波士顿拉丁学校读书六年,加上参加众多音乐活动和学习希伯来语,这让伯恩斯坦在青少年时期一直处在极端忙碌的状态——这也是他后来激荡狂野、不留空隙的职业生活的预演。

1 "在钢琴边有安全感":伯恩斯坦的青春岁月,1918—1939

波士顿拉丁学校——伯恩斯坦于1929年至1935年间在此就读。

哈佛时期的伯恩斯坦

波士顿拉丁学校将许多学生送进了哈佛学院(Harvard College),其中就包括伦纳德·伯恩斯坦——这发生在1935年秋天。这位才华出众、自信满满的年轻钢琴师成为一名音乐专业学生,开始接受大学的文科教育和学术训练。虽然哈佛将演出严格规定为课外的活动,但是这里的音乐教员由知名教师和作曲家担当,其中包括作曲家/理论家沃尔特·皮斯顿(Walter Piston)、作曲家爱德华多·伯灵格姆·希尔(Edward Burlingame Hill)、音乐学家 A. 蒂尔曼·梅里特(A. Tillman Merritt)以及音乐学家/作曲家雨果·莱希滕特里特(Hugo Leichtentritt)。伯恩斯坦开始跟随海因里希·格布哈特（Heinrich Gebhard）学习钢琴，而山姆承担了儿子全部四年本科学业的费用。

哈佛的艾略特之家——伯恩斯坦于1936年至1939年间居住于此。

伯恩斯坦自信满满，又不按时出勤上课，这让教员们有些头疼，而他有时候也厌恶这种纯粹的学术训练。不过，如此群星闪耀的教师队伍又会无可避免地激励像伯恩斯坦这样充满好奇心的音乐家努力奋进。尽管他可能有时候对于课堂投入不足，但他凭借自己的智慧和音乐性予以弥补，以至于即便是他一直拖到最后一刻才着手去完成作业也依然能够顺利过关。伯恩斯坦发现自己与哲学教授大卫·普劳尔（David Prall）脾胃相投，在智性方面受他影响很大。无论是普劳尔开的美学课，还是他在自己家主持的讨论，伯恩斯坦都积极参与。伯恩斯坦喜欢阿隆·科普兰的《钢琴变奏曲》，普劳尔教授就给他买来了活页乐谱，并且鼓励他就其写一篇论文。[1] 我们这位年轻的音乐家将这支曲子牢记在心，并将其列入自己演奏曲目中的偏严肃作品类别，总在派对上弹奏。

伯恩斯坦在大四期间完成了题为"美国音乐对于种族元素的吸纳"的毕业论文——也不知道他用了什么办法才能在最后这一年铺天盖地的活动间隙完成这一文稿。[2] 他的核心论点是，尽管自 1890 年以来美国作曲家一直受到美国土著和非裔美国人音乐的影响，但是一直要等到类似科普兰这样的作曲家将爵士和蓝调元素融入进来，才算是发出了真正的美国之声。他进一步指出，关于这种吸收最有力的证据是诸如科普兰的《钢琴变奏曲》(Piano Variations) 这样的作品，从中可以听到在现代的音乐结构中嵌入了蓝调的音程和爵士的节奏。出自这一非凡学生文稿的惊世之论在一些哈佛教师那里并不讨喜，不过论文最终基本保留了原样。[3] 在同年与科普兰的通信中——下文将介绍这两个人是如何相遇的——伯恩斯坦描述了自己对于毕业论文的打算，并且表明不管别人怎么看，他一定会捍卫自己的观点。不过，年长一些、同时也可能更加精明一些的科普

---

[1] 肖恩，《伦纳德·伯恩斯坦：一位美国音乐家》，第 37 页。
[2] 要了解伯恩斯坦的论文，参见伦纳德·伯恩斯坦，《发现》(Findings) (纽约，1982)，第 36—99 页。
[3] 若要在伯恩斯坦职业生涯的语境下考量他的这篇论文，参见杰弗里·布朗克 (Geoffrey Block)，"伯恩斯坦在哈佛的大四论文：一生求索美国身份的根源"，《大学音乐集》(College Music Symposium)，xlviii (2008)，第 52—68 页。

兰敦促自己的这位年轻友人不要试图去做过多的证明。[1]
在这一论文中可以听到伯恩斯坦的声音，并且可以注意到那些他后来一直在倡导的关于美国音乐发展的想法。

在哈佛期间，伯恩斯坦用丰富的经历填满了课外时间，并且与许多能够为他未来事业带来助力之人建立了联系。在钢琴演出中，他曾与马萨诸塞州交响乐团这个受到公共事业振兴所（WPA）赞助的乐团合作完成了三支协奏曲，也曾与哈罗德·夏皮罗（Harold Shapero, 1920—2013）数次联袂出演——夏皮罗当时是一名大一新生，低伯恩斯坦两级，后来也成了一位著名的作曲家。他们的曲目兼收古典和流行音乐，这也是伯恩斯坦如饥似渴学习的领域。此外，他还学以致用，用一支令人难忘的钢琴独奏曲为无声电影《战舰波将金号》（*Battleship Potemkin*）伴奏，引来现场数千名学生观众的阵阵掌声。[2] 大学期间，他完成了数个作品，其中包括为他的朋友米尔德里德·施皮格尔及她的两位同事创作的一支钢琴三重奏、一本名为《为两架钢琴而作的音乐》（Music for Two Pianos）的集子，还有一支钢琴奏鸣曲。这些作品表现出他对待目标的认真程度和对待工艺的投入程度，并且反映出他受到的影响范围甚

---

[1] 关于科普兰写于 1938 年 12 月 7 日的信，参见奈杰尔·西梅奥内（Nigel Simeone）编著的《伦纳德·伯恩斯坦书信》（*The Leonard Bernstein Letters*）（康涅狄格州纽黑文市，2013），第 25—26 页。
[2] 肖恩，《伦纳德·伯恩斯坦：一位美国音乐家》，第 36 页。

广。[1] 大四那年，他为阿里斯托芬（Aristophanes）的《鸟》（The Birds）在1939年4月的一场演出进行了配乐。这一杂糅度无以复加的配乐将这部古希腊悲剧摆渡至现代，其中的一些音乐片段后来也出现在伯恩斯坦的几部成熟作品中。《鸟》是伯恩斯坦在公共场合进行指挥的初体验。在哈佛期间，他还写过乐评，不仅可见于当地的《哈佛倡导者》（Harvard Advocate），而且发表在纽约的《现代音乐》（Modern Music）这样面向全国的重要期刊上。[2] 伯恩斯坦没有吝惜自己的观点，他的评价从"粗笨"到"闪耀"都有，有时还会对哈佛教职工写的作品提出犀利的批评。伯恩斯坦在哈佛期间的生活另有几个重要的时刻：1936年夏天，入学一年之后，他在沙伦镇的社区演出又添新作，这次带来的是《皮纳福号军舰》（HMS Pinafore）；1937年夏天，他在麻省皮茨菲尔德欧纳塔湖边的纯犹太人营地担当音乐顾问，在这里遇到了阿道夫·格林——这位词人成为他的合作者和一生的朋友。

通过迄今的这些描述，我们可以建构出一段值得称道的本科经历，而且我们也不应当低估在哈佛拿到学位的尊荣对

---

[1] 伯恩斯坦作品按照音乐体裁的分类列表，参见保罗·R. 莱尔德和林迅（Paul R. Laird and Hsun Lin）所著的《伦纳德·伯恩斯坦：研究和信息指南》（Leonard Bernstein: A Research and Information Guide），第二版，劳特利奇音乐传记（纽约，2015），第49—75页。
[2] 伯恩斯坦为《现代音乐》（Modern Music）写的三篇文章分别是《预报和回顾：波士顿在继续》，xv/4（1938），第239—241页；《预报和回顾：波士顿的首映季》，xvi/2（1939），第103—106页；《预报和回顾：来自波士顿最新消息》，xvi/3（1939），第182—184页。

于这位意气风发的年轻音乐家的意义。不过，对伯恩斯坦的未来影响最大的却是他在哈佛课堂之外建立的那些联系。这类联系的缔结首先出现在1937年1月。在波士顿交响乐团的一场音乐会上，伯恩斯坦见证了指挥家季米特里·米特罗普洛斯（Dimitri Mitropoulos，1896—1960）在美国的首秀。他见到了这位希腊音乐家，并且向他演奏了自己的一些作品，用自己的音乐灵性和可塑性打动了他。之后，米特罗普洛斯邀请伯恩斯坦观看自己和波士顿交响乐团的彩排。此后，二人开启了热忱的书信往来。1938年4月，伯恩斯坦和米特罗普洛斯在明尼阿波利斯共度了一周时光。他曾一度希望自己能成为后者在明尼阿波利斯交响乐团的助手，但后来发现不太现实。[1] 米特罗普洛斯一边弹奏钢琴协奏曲，一边在钢琴房进行指挥，这种极富感染力的指挥和演奏对伯恩斯坦影响深远。

在观看安娜·索科洛夫（Anna Sokolow）在波士顿的舞蹈演出之后，伯恩斯坦决定和一个研究生同学共赴其在纽约的首演。演出于1937年11月14日在同仁剧院举行，机缘巧合，年方19岁的伯恩斯坦发现邻座是自己钟爱的《钢琴变奏曲》的作者阿隆·科普兰（1900—1990）。由于这天是科普兰的生日，于是他就邀请我们这位年轻的音乐家跟他一起回自己的跃层公寓参加派对。伯恩斯坦从不露

---

[1] 米特罗普洛斯在给青年伯恩斯坦的书信中如此情真意切，这着实令人惊讶。参见西梅奥内编著的《伯恩斯坦书信》，第21—22页，第28页。

怯，当着作曲家的面演奏了《钢琴变奏曲》，显然给对方留下了深刻的印象。

交响乐厅——波士顿交响乐团之家，伯恩斯坦第一次听管弦乐的地方，也是他后来有时客座指挥的地方。

他们成了朋友（也有可能更进一步），经常通过书信来往，并且会找机会见面。比方说，1939年4月，科普兰出席了《鸟》在剑桥[1]的演出，看到伯恩斯坦的指挥后，他

---

1 即哈佛大学的所在地。——译者注

建议这位比自己年轻的音乐家试着接受一下这个领域的训练。伯恩斯坦向科普兰展示了自己的作品,后者对其进行了评价,并要他找出"特定音符",也就是那些让和弦或乐段高出寻常一等的音符——这是科普兰在20世纪20年代早期跟随纳迪娅·布朗热(Nadia Boulanger)训练时的一项重要内容。[1] 伯恩斯坦后来表示,这是他最接近真正的作曲训练的一次体验。一段绵延一生的友谊就此开启,并且将对二人的事业都产生非同一般的影响。

走进哈佛求学时代的青年伯恩斯坦生活的音乐名人不止于此。1937年,马克·布利茨坦(Marc Blitzstein,1905—1964)的《大厦将倾》(The Cradle Will Rock)以一种颇具故事性而又饱受争议的方式首演。该剧是对工人运动的歌颂和对资本主义的强烈谴责,一时群情澎湃,我们这位具有左翼倾向的年轻钢琴家也为其吸引。受到罗斯福"新政"中"联邦剧院计划"的影响,这部剧被禁止在布利茨坦所在的剧院上演;此外,还有来自国会共和党人的威胁。于是,布利茨坦独自出现在维也纳大剧院的舞台上,用钢琴演奏了音乐剧的配乐,而演员们则是在观众中间完成了自己的表演。伯恩斯坦说服哈佛戏剧社在1939年5月5日上演了这部作品,他本人也亲力亲为,参与了众多环节。给予支持的教职工有阿奇博尔德·麦克利什(Archibald

---

[1] 1982年3月15日,笔者在华盛顿特区对伦纳德·伯恩斯坦进行了个人专访。

1 "在钢琴边有安全感": 伯恩斯坦的青春岁月, 1918—1939 023

MacLeish)、老亚瑟·施莱辛格(Arthur Schlesinger Sr)和大卫·普劳尔。[1] 伯恩斯坦邀请作曲家来到了演出现场,展现了在自我推销方面的才能——不过许多人可能会将之视为肆意妄为。布利茨坦感触良多,和这位大四学生沿着查尔斯河边走边聊数小时之久,也就此开启了又一段绵延一生的深情厚谊。在布利茨坦看来,那时候的伯恩斯坦就是自己的化身。[2] 正如艾伦·肖恩所言,继科普兰之后,布利茨坦成为又一位对伯恩斯坦有着深刻影响的作曲家,特别是这位更加年长的作曲家将音乐赋予英语这门语言的方式。[3]

在教育和早期职业成就之外,伯恩斯坦的个性也逐渐成熟起来,变得越发清晰。伯恩斯坦从小由政治上左倾的父母带大,来到哈佛时正值美国自由主义随着"新政"高涨的年代。当时哈佛有很多的马克思主义者,而伯恩斯坦自己的政治观也朝着左翼大幅倾斜。这可以从他出品《大厦将倾》看得出来,而这一事件也引起了当时正在调查哈佛的共产主义活动的剑桥警方对他的注意。也正是在这一时期,美国联邦调查局接到一位告密者对伯恩斯坦的检举,

---

[1] 伯顿,《伦纳德·伯恩斯坦》,第53页。
[2] 霍华德·波拉克(Howard Pollack),《马克·布利茨坦:他的生活、他的著作、他的世界》(*Marc Blitzstein: His Life, His Work, His World*)(纽约,2012),第184页。
[3] 肖恩,《伦纳德·伯恩斯坦:一位美国音乐家》,第44页。

并对他挂号建档。[1] 伯恩斯坦寻求与马克思主义宣扬者的更多接触，很可能是受到科普兰和布利茨坦的影响。此外，和米特罗普洛斯一样，这两位年长于他的作曲家也是同性恋。男性之间本来就很难建立确定的性关系，而在同性恋被当作一种心理疾病的年代去追寻这样的关系更是难上加难。不过，年轻的伯恩斯坦显然有机会和这两个男子都保持亲近。从伯恩斯坦高中和大学时代留下的众多书稿中都能看出，他一直在与自己的性取向作斗争，与男女两性都有过亲密关系。[2] 琼·沛泽（Joan Peyser）认为，伯恩斯坦"强烈的性欲"可能是他性格中最重要的部分，他现存的信件也表明这是他生活中的一个关键部分。[3] 在年满 21 岁前，伯恩斯坦与米特罗普洛斯、科普兰还有布利茨坦开启的会面和友谊对他成长为一名音乐家和一个男人都有着深刻的影响，帮助他在接下来四年的人生中平步青云——他将会在指挥领域如鱼得水，并将迈出那些让他声名鹊起的步伐。

---

1 巴里·塞尔德斯（Barry Seldes），《伦纳德·伯恩斯坦：一位美国音乐家的政治生活》（*Leonard Bernstein: The Political Life of an American Musician*）（加州伯克利，2009），第 24 页。
2 伯顿，《伦纳德·伯恩斯坦》，第 28—30 页。
3 沛泽，"伯恩斯坦的遗产"，《歌剧新闻》（*Opera News*），lxv/1（2000），第 23 页。沛泽在她写的传记《伯恩斯坦：一部传记》（*Bernstein: A Biography*）（纽约，1987）中也对伯恩斯坦旺盛的力比多大书特书。

2 "库赛维斯基的精神":伯恩斯坦开发指挥之才,1939—1943

带着后见之明回看伯恩斯坦的职业生涯,他从一次成功迈向下一次成功似乎是必然事件。在大学毕业后的四年间,伯恩斯坦完成了自己的音乐训练,并且在这个领域做了一些工作。然而,在1939年6月到1943年8月这段时间内,这个壮志满怀的年轻人在很多时候可能会感觉成功永远都不会垂青自己。[1] 毕业之后,他父亲给了他一份打理家族生意的工作,薪酬是每周100美元。考虑到他可能要身无分文地待在家里,这是个颇为划算的机会。然而,伯恩斯坦选择了夏天去纽约市,看看在那儿能找到什么工作。不过这是一个不可能完成的任务,因为音乐家工会要求从业者必须在当地居住满六个月。伯恩斯坦和阿道夫·格林一起合租了一处公寓,在此

---

[1] 本章标题中的引文出自汉弗莱·伯顿(Humphrey Burton)所著的《伦纳德·伯恩斯坦》(*Leonard Bernstein*)(纽约,1994),第78页。

期间和后者所在的即兴演出团"点瓶家"[1]（其中一个成员是贝蒂·科姆登，后来成了伯恩斯坦的挚友）一起在格林威治村的前锋村俱乐部厮混、为他们弹钢琴，与此同时还在找工作、创作，并请科普兰批评指正自己努力完成的作品。正是在1939年夏天，他开始创作自己的《第一交响曲（耶利米）》——当时处理的是第三乐章，这原本是为次女高音和管弦乐队而写的一首单曲。

米特罗普洛斯曾指出伯恩斯坦具备以指挥为业的潜能，科普兰也看到了他这项与生俱来的才能。在这个相对沉寂的夏天，伯恩斯坦开始认真考量这样的可能性，希望他那些功成名就的朋友能够帮他在秋天进入茱莉娅音乐学院就读，但后来证明行不通。科普兰觉得伯恩斯坦应当考虑费城的柯蒂斯音乐学院，给了他一张票，让他去刘易松体育场听一场由柯蒂斯的指挥教授弗里茨·莱纳担当指挥的音乐会，还教他如何去后台与莱纳会面；伯恩斯坦照做之后，莱纳建议他9月份来试演。[2] 当月初，伯恩斯坦返回了波士顿。这时，米特罗普洛斯以一种神奇的方式再次出现——他在穿越大西洋的途中碰到了几个伯恩斯坦的朋友，告诉他们伯恩斯坦可以来纽约的比尔特莫尔酒店找他。这名指

---

[1] 这个演出团的名称 Revuers 和 reviewers（点评家）的拼写和发音都很接近。——译者注
[2] 伯恩斯坦在1939年8月9日写给科普兰的信中汇报了这件事。参见西梅奥内编著的《伦纳德·伯恩斯坦书信》（*The Leonard Bernstein Letters*）（康涅狄格州纽黑文，2013），第34—35页。

挥家告诉自己的徒儿,指挥正是他的未来,而他将帮他进入柯蒂斯。[1] 在试演的时候,匹兹堡交响乐团的指挥莱纳让伯恩斯坦展示自己的才能。他用钢琴演奏了管弦乐谱,展示了自己惊为天人的视听能力,并且对答如流,然后就凭借这样的表现被莱纳录取到自己的班里,进入这座美国顶尖的音乐学府。在跟随莱纳工作之外,伯恩斯坦还加入了伊莎贝尔·温格洛娃(Isabelle Vengerova)的钢琴工作室。这位严苛的俄罗斯老师为我们自由散漫的年轻钢琴家注入了更多的纪律,并帮助他完成了职业技能的提升。

拿音乐专业的标准来看,伯恩斯坦在 21 岁时才开始在音乐学校接受正规的训练,年纪已经不算小了。虽然哈佛的四年让他获得了智性的增长,同时他也找到了不少课外演出的机会,但是在柯蒂斯,他属于大龄学生,面对的是紧锣密鼓而又层次分明的新体验。和温格洛娃一样,莱纳也是一名严格的任务大师,要求自己的学生必须进行充分的预习。仅仅能跟着曲谱打节拍是不够的,他要求学生知道在任意一个时间点上每一样乐器演奏的是什么音符,并且对于一个作品的形式、风格建构和表达类型都要能分析得头头是道。和学生相处的时候,莱纳显然毫无幽默感可言——伯恩斯坦说他"呆板"[2]——而且将自己犀利的洞察力用在他们身上,丝

---

[1] 梅里尔·塞克雷斯特(Meryle Secrest),《伦纳德·伯恩斯坦:一生》(*Leonard Bernstein: A Life*)(纽约,1994),第 60 页。
[2] 同上,第 66 页。

毫不讲情面。或许正是伯恩斯坦需要的，因为他要学的东西有很多，而且在音乐专业领域和曲目方面都有很大的欠缺。对于伯恩斯坦这样一个富有主见和自信的人来说，适应这样的环境肯定不太容易。不过，他在从柯蒂斯毕业仅仅两年之后就引爆了音乐圈，足以表明他没有虚度在那里的光阴。第一学期末，伯恩斯坦是唯一一个从莱纳那里得到 A（优秀）的指挥学生。[1] 在柯蒂斯期间，伯恩斯坦还跟随勒妮·隆吉-梅奎尔（Renée Longy-Miquelle）学习曲谱阅读（她成了他的好友，并且有段时间明显是他的恋人[2]），以及跟随杰出的作曲家、同时也是当时的校主任兰德尔·汤普森（Randall Thompson）学习编曲。

尽管在学业上表现优异，伯恩斯坦在费城的两年并不好过。他的父亲要么只给他少量的补贴，要么干脆一毛不拔。米特罗普洛斯会不时送他一些礼物，算是为他补充了一部分收入。[3]

他是柯蒂斯唯一一个已经从大学毕业的学生，加上自负不羁的派头和外露的才华，他在同学中并不受欢迎。伯恩斯坦后来提到，有一个指挥学生没法像他那样视听曲谱，曾经扬言自己有枪，并有枪击伯恩斯坦、莱纳和汤普森的

---

[1] 塞克雷斯特，《伦纳德·伯恩斯坦：一生》，第 67 页。
[2] 伯顿，《伦纳德·伯恩斯坦》，第 67 页。
[3] 同上，第 65 页。此外，海伦·科茨在 1939 年 10 月 14 日写给伯恩斯坦的信中，问他是否已经决定接受"米特罗普洛斯资助他完成这一年学业的提议"。参见西梅奥内编著的《伦纳德·伯恩斯坦书信》，第 37 页。

位于费城的柯蒂斯音乐学院——伯恩斯坦于1939年至1941年在此学习指挥和钢琴。

打算；显然后来他们找来了警察，带走了这个人。[1] 1940年冬天，米特罗普洛斯写信给伯恩斯坦，提议他在1940—1941演出季的时候来明尼阿波利斯，在管弦乐团中弹钢琴，手持曲谱参加所有的彩排，并且在彩排中指挥管弦乐队。伯恩斯坦热切盼望能够成行，但是最终米特罗普洛斯没能和当地的工会及管弦乐团的经理达成一致。[2] 失望的伯恩斯坦在4月18日写信给自己的作曲家朋友大卫·戴蒙德（David Diamond），惋惜"每走一步——每学习一篇乐谱、每有项目遭到拒绝、每爱一个人、每有希望遭到无

---

1 伯顿，《伦纳德·伯恩斯坦》，第67页。
2 同上，第69—70页。

视——都是在为下一年做直接准备。从我选择研习的乐谱到我放弃的性生活——一切都是"[1]。对于伯恩斯坦来说，在柯蒂斯的学业正是如此；在学习指挥和深度练琴期间，他似乎至少抑制了一部分旺盛的性欲。1941年2月7日，即第二学年中期，伯恩斯坦给波士顿的朋友米尔德里德·施皮格尔写信，把他在柯蒂斯剩余的时间比作完成监狱的服刑。[2] 他也时常骄傲地写信告诉她自己在指挥和钢琴演奏方面的成就，这意味着伯恩斯坦明白自己为什么要待在柯蒂斯。

无论伯恩斯坦对自己在柯蒂斯的表现有多么满意，当他听说波士顿交响乐团及其著名指挥谢尔盖·库赛维斯基（Sergei Koussevitzky，1874—1951）正在筹备1940年夏天的伯克希尔音乐节，而且指挥学生届时有机会和一个学生管弦乐团合作后，随即展现出了浓厚的兴趣。他立刻着手申请，并且求得莱纳和其他知名朋友的推荐。3月份，回到波士顿家中的伯恩斯坦观看了波士顿交响乐团的一场音乐会，之后去后台拜见了库赛维斯基，并被他收作坦格尔伍德音乐中心的指挥学生。在这位杰出的俄罗斯指挥家这里，年轻的伯恩斯坦找到了最重要的导师。库赛维斯基以一名低音提琴手的身份开启自己的职业生涯。在与一个大富之家结姻之后，他成立了自己的管弦乐队，开始在莫斯科和

1　西梅奥内，《伦纳德·伯恩斯坦书信》，第45页。
2　同上，第69—70页。

圣彼得堡演出，后来指挥自己的乐队在巴黎演出。库赛维斯基于1924年至1929年间担任波士顿交响乐团的指挥，其间不断慷慨地委托当代作曲家创作曲目，指挥了很多作品的首演。与他联系最为紧密的美国作曲家当属科普兰——他在第一届伯克希尔音乐节上教授创作。在其波士顿履历中，库赛维斯基指挥过这位美国作曲家的十一部作品，其中五部是首演。[1] 科普兰很可能将自己对库赛维斯基的敬意传递给了伯恩斯坦，而伯恩斯坦自己也已经看过多场由他指挥的波士顿交响乐团的音乐会，并且有一次在交响乐厅的音乐会上向米尔德里德·施皮格尔表达过对这个人的深深嫉妒。[2] 库赛维斯基是伯恩斯坦家乡管弦乐团的指挥，是一个惊艳绝伦、炫目多彩的大人物，同时又是现代交响音乐极为重要的支持者和解读者，因此在许多方面代表了伯恩斯坦想要成为的那个自己。当这位俄罗斯指挥家将伯恩斯坦视为自己最得意的学生和弟子时，我们这位年轻的音乐家为承担重任做好了准备，并将库赛维斯基当作自己的英雄。在他去世后，伯恩斯坦继承了他的袖扣，之后从来没有一次不戴着它们在音乐会上指挥。此外，伯恩斯坦还模仿这位老音乐家走路的方式和穿着打扮。他后来对布兰迪斯大学和坦格尔伍德的关切，还有他教授指挥，

---

[1] 约瑟夫·霍罗威茨（Joseph Horowitz），"谢尔盖（亚历山德罗维奇）·库赛维斯基"，收录在查尔斯·希罗希·加勒特（Charles Hiroshi Garrett）主编的《美国音乐丛林词典》（*The Grove Dictionary of American Music*）（纽约，2013），第4卷，第661页。
[2] 塞克雷斯特，《伦纳德·伯恩斯坦：一生》，第37页。

无不基于他对库赛维斯基之爱。

　　创办伯克希尔音乐节是库赛维斯基远见卓识的一部分。他集结了一流的教师队伍,在第一个夏天就吸引来了三百名学生。对于伯恩斯坦来说,这一次的核心体验在于上这位大师的高阶指挥课——除了伯恩斯坦,参加的还有理查德·贝尔斯(Richard Bales)、卢卡斯·福斯(Lukas Foss)、索尔·约翰逊(Thor Johnson)和盖洛德·布朗(Gaylord Browne)。[1] 这一时期几乎没有什么著名的美国指挥家,于是这五名学生获得了在坦格尔伍德指挥学生管弦乐团的机会,每人一周。在这六周内,伯恩斯坦和由六十六名成员组成的学院管弦乐团演奏了如下曲目:兰德尔·汤普森的《第二交响曲》(Symphony no. 2)、J. S. 巴赫的《双小提琴协奏曲》(Double Violin Concerto)、里姆斯基-柯萨科夫(Rimsky-Korsakov)的《雪赫拉莎德》(*Scheherazade*)的第二和第四乐章、海顿(Haydn)的一部交响协奏曲、勃拉姆斯的《海顿主题变奏曲》(Variations on a Theme by Haydn)、科普兰的《户外序曲》(*An Outdoor Overture*)以及斯特拉温斯基(Stravinsky)的《士兵的故事》(*L'Histoire du soldat*)——最后这部作品是由规模更小的乐团演绎的,用的是伯恩斯坦自己写的喜剧性文本。[2]

　　对于一名青年指挥学生来说,这着实是一个不平凡之

---

[1] 伯顿,《伯纳德·伯恩斯坦》,第76页。
[2] 同上,第78页。

谢尔盖·库赛维斯基（1874—1951），1924年至1949年间担任波士顿交响乐团指挥，是作为指挥家的伯恩斯坦的最重要的导师。

夏。当时第二次世界大战正在欧洲和亚洲轰鸣，然而伯恩斯坦在1940年7月和8月感觉到，他好像在这个世界上找到了自己的位置——这一切都是在一个人的注视下发生的，而伯恩斯坦和这人自己都认为他就像伯氏的父亲一样。1970年，在向坦格尔伍德的学生演讲时，伯恩斯坦描述了早年那些音乐节上的美妙经历，并将它们全部归功于"库赛维斯基的精神"[1]。

库赛维斯基不想让伯恩斯坦回柯蒂斯继续上第二年的学。他告诉自己的这名学生,他所需要的是跟着自己学习三年,这就足以让他成为一名伟大的指挥家了。伯恩斯坦很想接受库赛维斯基的橄榄枝,于是试图给莱纳写信解释情由,不过这位匈牙利指挥家和他的学院并不愿意放弃这样一位明星学生。莱纳最初告诫伯恩斯坦,如果他在库赛维斯基那里度过一夏的话就没法再回柯蒂斯了——尽管是他最初给自己的这位学生写的推荐信。不过柯蒂斯的校主任兰德尔·汤普森不这么想,经他从中斡旋,这两位指挥家之间达成了协定,同时也玉成了柯蒂斯与坦格尔伍德未来的联系。[2] 伯恩斯坦回到柯蒂斯继续第二年的学业,并且学院慷慨地每月给他不定期贷款,还提供免费的午餐。

伯恩斯坦这一学年定是对学业极其上心,因为他在5月份凭借优异的成绩获得了学位;而应接不暇的活动成为他在1940—1941这一学年的常态。伯恩斯坦的名字第一次出现在音乐出版物上:科普兰的《墨西哥沙龙》(*El salón México*)的钢琴改编曲谱。经科普兰运作,布西和霍克斯(Boosey & Hawkes)出版社为该作品向伯恩斯坦支付了25

---

[1] 伯顿,《伦纳德·伯恩斯坦》,第78页。伯恩斯坦出版了自己在1970年7月8日面向坦格尔伍德的开场白(其中包括这一评价),见于伦纳德·伯恩斯坦,《发现》(*Findings*)(纽约,1982),第273—284页。
[2] 伯顿,《伦纳德·伯恩斯坦》,第81页。

美元。不过,当科普兰发现自己的这位弟子不知道该如何为手稿付梓作准备时,在1940年12月16日写给他的信中许诺一定要给他好好上一课。[1] 这一年,伯恩斯坦找了一些兼职——在一所私立男校教钢琴,还有指挥一个合唱团。他还为几年前通过科普兰认识的作曲家保罗·鲍尔斯(Paul Bowles)的芭蕾舞进行编曲,以及在海伦·科茨在老家波士顿收听的音乐广播中弹钢琴。[2] 这一年,他在费城有一个稳定的女朋友,名叫雪莉·加比斯(Shirley Gabis),当时是一名16岁的钢琴学生,后来成为他一生的朋友;不过,在写给科普兰的信中,伯恩斯坦谈到了他同时还在交往的男性。从1941年1月的某一天写给科普兰的信中,可以看到他对加比斯的矛盾态度:"见到了我的16岁女孩儿——我不知道"[3]。他在柯蒂斯的学年圆满收场:和柯蒂斯管弦乐团一起演奏了勃拉姆斯的A大调《小夜曲》(Serenade),并受到电视转播;在温格洛娃学生的毕业汇报音乐会上演奏斯克里亚宾(Scriabin)的《第五钢琴奏鸣曲》(Piano Sonata no. 5)以及拉威尔的《库普兰之墓》(Le Tombeau de Couperin)的两个乐章。这一年,伯恩斯坦甚至还挤出时间创作了自己的小提琴奏鸣曲——这一作品是受到他的小提琴家朋友拉斐尔·希利尔(Raphael Hillyer)

---

[1] 西梅奥内,《伦纳德·伯恩斯坦书信》,第65页。
[2] 伯顿,《伦纳德·伯恩斯坦》,第88页。
[3] 西梅奥内,《伦纳德·伯恩斯坦书信》,第69页。

（后来的茱莉娅弦乐四重奏团的创立人和小提琴手）的启发。不过，这支奏鸣曲在伯恩斯坦生前并未发表。从柯蒂斯毕业后，他赶往波士顿，对阿里斯托芬的《和平》(*The Peace*)的舞台剧配乐进行收尾——这也是他为哈佛学生会作出的又一贡献。这一切都发生在一个战争迫在眉睫、充满变数的年代：伯恩斯坦于1940年秋天进行了登记，做好入伍的准备。

伯恩斯坦于1941年7月至8月间重返伯克希尔音乐节，这也是早就定好的。6月份，在等待音乐节开幕期间，通过《波士顿先驱报》(*Boston Herald*)的音乐有奖问答，伯恩斯坦获得了在海滨大道音乐会上指挥波士顿大众乐团的机会。6月11日，他当着众多观众指挥了瓦格纳的《纽伦堡的名歌手》的序曲。在坦格尔伍德，他再次成为库赛维斯基高阶指挥课上的明星学生，并且指挥学院管弦乐团演奏了三个作品：威廉·舒曼（William Schuman）的《美国节日序曲》(*American Festival Overture*)、康斯坦特·兰伯特（Constant Lambert）的《格兰德河》(*The Rio Grande*)（伯恩斯坦与合唱班和管弦乐团的第一次亲密接触）以及勃拉姆斯的《第二钢琴协奏曲》(Piano Concerto no. 2)——担当独奏的是卡洛斯·莫斯利（Carlos Moseley），他后来成为纽约爱乐乐团的执行总监，对伯恩斯坦至关重要。在那个夏天，伯恩斯坦的另外一场重要演出是在科普兰的《维特博斯克（关于犹太主题的研究）》[*Vitebsk* (*Study on a Jewish*

Theme）〕中担任钢琴演奏者。[1]

虽然科普兰再次出现在坦格尔伍德的谱曲教师行列，但是伯恩斯坦在那个夏天的浪漫情愫似乎投向了杰奎琳·"奇奇"·施派尔（Jacqueline 'Kiki' Speyer）——这个魅力四射的女子是波士顿交响乐团的一位音乐家的千金，与伯恩斯坦在前一年的夏天邂逅，并且已经有过约会。据称，库赛维斯基也将伯恩斯坦推向了她。[2] 这位指挥家觉得自己这个行当的成员应当是道德和音乐权威的践行者，而伯恩斯坦活跃的性生活中兼顾男女两性，应该与他持有的传统观念相左。伯恩斯坦和施派尔之间显然进展颇深。1941年8月的一天，他登上了开往佛罗里达州基韦斯特的火车。在写给雪莉·加比斯的信中，他表示自己会在外"躲一周"，并在后来隐晦地承认自己躲避的是奇奇·施派尔。[3] 那年秋天晚些时候，伯恩斯坦给科普兰写信，表明自己已经向施派尔解释了"这一彻头彻尾失败的夏天"——明显是承认了自己是同性恋——但是"她仍然想要嫁给我，并且接受这样的双重生活，或者想试着帮我康复。而亚历克斯[4]又突然搅了进来。这一周真是让人搞不懂"[5]！即使是他在考虑结婚期间，伯恩斯坦似乎还在与一个男性情人交

---

[1] 伯顿，《伦纳德·伯恩斯坦》，第93—94页。
[2] 同上，第94页。
[3] 西梅奥内，《伦纳德·伯恩斯坦书信》，第81页。
[4] 库赛维斯基的全名是谢尔盖·亚历山德罗维奇·库赛维斯基；亚历克斯（Alex）是亚历山德罗维奇（Alexandrovich）的简称。——译者注
[5] 西梅奥内，《伦纳德·伯恩斯坦书信》，第84页。

往。在1942年年初写给科普兰的信中,伯恩斯坦向他讲明,施派尔已经放弃了,不再把他当作一个可能的伴侣。[1]她给伯恩斯坦写信,祝福他的音乐教学工作室好运,并且表示自己确信他最终一定能取得成功。或许她将真正的心迹袒露在附言中:"这终结了糟糕的品位……所以就把它理解为你的第一封乐迷来信吧。"[2] 梅里尔·塞克雷斯特为伯恩斯坦作传时采访过施派尔。她描述了1941年夏天施派尔和伯恩斯坦之间的关系是何等亲密,二人又何等频繁地讨论结婚的问题,不过伯恩斯坦在和男性过夜之后会故意让施派尔察觉,并让她跟库赛维斯基详述自己的同性恋事实。施派尔认为,库赛维斯基希望她能够控制伯恩斯坦,但她意识到自己永远也做不到这一点。[3]

奇奇·施派尔对于伯恩斯坦日后能够成功的信心恰恰表明了他在1941年至1942年间的生活中充满苦涩的事实,那就是尽管他是一名才华出众的音乐家,但与此同时又是一个为找到第一份工作四处奔波的年轻美国指挥。即便是他那些知名友人都愿意帮忙,但伯恩斯坦要解决这一难题并非易事。不过,隔开了七十多年的距离再去回望,并且考虑到大多数人试图开启艺术生涯时都会遭遇困难,伯恩斯坦在1943年8月成为纽约爱乐乐团助理指挥前的两年看

---

[1] 伯顿,《伦纳德·伯恩斯坦》,第96页。
[2] 西梅奥内,《伦纳德·伯恩斯坦书信》,第86页。
[3] 塞克雷斯特,《伦纳德·伯恩斯坦:一生》,第85—90页,第94—96页。

起来并非真的那么痛苦。另外需要承认的一点是，尽管伯恩斯坦因为在这段时间缺乏机遇感到挫败无力，但是他的音乐活动并没有因为他从事着一份非音乐工作而被打断。他的单簧管奏鸣曲和第一部交响曲都是在这一时期写出来的，而他早期作曲家事业的成功离不开这两部作品。

此外，鉴于美国在1941年年末发起了最大规模的一次征兵，伯恩斯坦在第二次世界大战期间还能开启自己的职业生涯着实是福星高照。因为患有哮喘，他的"4F"健康评级逐步得到确认，这也使得他永远都没有资格入伍。从伯恩斯坦的信件中可以看到，他对这样的豁免所持的是欢迎的态度。1943年8月，他带着胜利的喜悦写信给库赛维斯基，告诉他，一名医生在他遭受哮喘性花粉症之苦时为他做了检查，并且这位外科大夫"坚决拥护英国的政策，即尽可能地使我们国家的文化根基不受侵扰，纵使是——或者特别是——在战争时期"[1]。有了医学上的借口，伯恩斯坦对于自己入伍的推延"毫不愧疚"。

在父亲的资助下，伯恩斯坦一直留在波士顿地区，一直到1942年离开坦格尔伍德为止。他的父亲帮他租了一间工作室，又印了小卡片为他宣传，说他既能当钢琴教师，又能作音乐分析。不过这正值珍珠港事件前夕，他只招到一个学生。虽然这样的活动几乎不能换来什么像样的收入，

---

[1] 西梅奥内，《伦纳德·伯恩斯坦书信》，第137页。

但是伯恩斯坦的确屡屡作为钢琴家登台,并且扮演的是不同的角色,其中包括2月份和哈罗德·夏皮罗为纽约作曲家联盟进行双人演奏,还有4月份与歌手埃里克·斯坦(Eric Stein)在波士顿的"狐狸与猎狗"(Fox and Hounds)夜总会多次演奏他们一起写的歌曲。[1]

那个春天,伯恩斯坦在波士顿现代艺术学院组织了三场音乐会:与夏皮罗的又一次双人演奏会、一场以伯恩斯坦的《单簧管与钢琴奏鸣曲》(Sonata for Clarinet and Piano)的首演为标志的演出,以及对科普兰的歌剧《第二场飓风》(*The Second Hurricane*)的演绎。在坦格尔伍德启动演出之前,伯恩斯坦和科普兰一起在后者的夏日别墅中度过了几天悠然舒爽的时光。这是个令人失望的演出季,因为波士顿交响乐团受到战争和旅行的限制停演了。不过库赛维斯基锐意进取,转而指挥学生管弦乐团,并且负责的是更好的那一个。伯恩斯坦虽是他的助手,但只能去指挥另一个质量不尽如人意的学生管弦乐团。那个夏天之后,库赛维斯基作出在战争期间暂停伯克希尔音乐节的决定。遇到单簧管演奏家大卫·奥本海姆(David Oppenheim)是伯恩斯坦那一年确定无疑的一件乐事——伯恩斯坦对他的情爱兴趣一直延续到第二年,并且二人一生都是亲密的朋友。可

---

[1] 参见拉斯·赫尔戈特(Lars Helgert),"伦纳德·伯恩斯坦和查尔斯·斯特恩在1942年的歌曲:伯恩斯坦成为一名惊世作曲家的源头探微",《美国音乐研究会刊》(*American Music Research Center Journal*),xxi(2012),第41—66页。

以在他们留存下来的信件中看到二人关系的方方面面，比方说他们对于与其都有工作往来的德国分析家马尔凯塔·莫里斯（Marketa Morris）（即"夫人"）的感情——这么做的部分原因在于试图扼杀二人之间的同性恋冲动。[1] 在其他的一些信中，特别是那些写给科普兰的信中，似乎可以看到伯恩斯坦对于性经历的积极寻求不大可能会因为一名分析家而收敛。[2]

1941年至1942年间，伯恩斯坦在创作方面的主要成果是《单簧管与钢琴奏鸣曲》（Sonata for Clarinet and Piano）。1943年3月14日，奥本海姆和伯恩斯坦在纽约作曲家联盟的一次音乐会上首次演奏了这个作品，并且对其进行了录音。该奏鸣曲是伯恩斯坦发表的第一个作品。艾伦·肖恩曾评论道，这位作曲家可能低估了自己的《小提琴与钢琴奏鸣曲》（Sonata for Violin and Piano）［其中的一些片段后来出现在芭蕾舞剧《摹写》（Facsimile）和《第二交响曲》（Symphony no. 2）中］，因为该作品在伯恩斯坦生前一直未得到发表，不过伯恩斯坦显然相信自己为单簧管与钢琴写的作品值得肯定。[3] 尽管这不是一个全然成熟的

---

[1] 在与奥本海姆和科普兰的通信中，"夫人"这个代称经常出现。有关伯恩斯坦以及他和这位博士的进展，在他1943年7月12日写给奥本海姆的信中可以看得真切。参见西梅奥内，《伦纳德·伯恩斯坦书信》，第133页。
[2] 伯顿，《伦纳德·伯恩斯坦》，第109页。伯顿引用了科普兰作出这一令人忍俊不禁的回应之前伯恩斯坦写给他的那些信，深度揭示了伯恩斯坦那时候混乱的私生活。
[3] 肖恩，《伦纳德·伯恩斯坦：一位美国音乐家》，第52—53页。

作品，其中一些片段不只一星半点地让人联想到欣德米特（Hindemith）和科普兰，并且所有的东西都被塞到短短10分钟之内，但是，该作品反映了伯恩斯坦对于陈列曲调的偏爱和他那令人无法抗拒的节奏活力，特别是在最后一个乐章的5/8节拍部分。富有感染力的第一乐章是伯恩斯坦精心设计的一种奏鸣曲形式，而第二乐章的开篇部分既深邃又恳切，不经停顿就进入了五拍子，使人听到了后来的戏剧作曲家伯恩斯坦的影子。科普兰发现自己这位弟子的音乐有太多他人的痕迹，在1943年3月25日给伯恩斯坦的信中就他的单簧管奏鸣曲写道："它仍然充满了欣德米特，因为我就是这么认为的……我想听到你写出一首没有科普兰、没有欣德米特、没有施特劳斯（Strauss）、没有布洛赫（Bloch）、没有米约（Milhaud）、没有鲍尔托克（Bartók）的歌。然后我再和你谈谈。"[1] 在这之前不久，伯恩斯坦刚刚跟这位导师谈过自己的一部新作品，而它听起来就像这位比他年长的作曲家的音乐。

1942年，伯恩斯坦在离开坦格尔伍德后关闭了在波士顿的工作室，搬去了纽约市，辗转过不少住所，其中包括沙威公园酒店每周8美元的地下室。这年秋天，他和"乐瓶者"一起演出，另外还在卡耐基音乐厅指导歌手以及为舞蹈课弹钢琴，不过也经常在音乐出版商哈姆斯-维特马克（Harms-

---

[1] 西梅奥内，《伦纳德·伯恩斯坦书信》，第116页。

Witmark）那里找活儿干。虽然伯恩斯坦在 1943 年 5 月 29 日写给库赛维斯基的信中描述了自己这些"无聊得难以置信"的"可怕的零活儿"，但他在改编爵士独奏以及将流行歌曲改编为双手版或四手联弹版的曲谱的过程中，肯定也学到了一些有益的东西，与他日后创作戏剧音乐息息相关。[1] 伯恩斯坦以"伦尼·安伯"（Lenny Amber）的假名出版了这些成果——"安伯"是"伯恩斯坦"在英文中的对应词。[2]

1942 年年末，为参加新英格兰音乐学院举办的一项比赛，伯恩斯坦完成了自己的《第一交响曲》，即"耶利米"；担任首席评委的是库赛维斯基。在妹妹和一些朋友的帮助下，伯恩斯坦写出了管弦乐谱，随后与当时的公寓室友艾蒂斯·梅里尔（Edys Merrill）一起搭火车前往波士顿，为的是在 12 月 31 日截止日当天让梅里尔帮他匿名提交曲谱。尽管这支交响曲没能获奖，但伯恩斯坦的雇主哈姆斯同意对其进行出版。伯恩斯坦把曲谱寄给了莱纳和库赛维斯基，而这二人显然还在为伯恩斯坦进行争夺，结果是我们这位青年音乐家将于 1944 年 1 月指挥匹兹堡交响乐团对该作品进行首演，下一个月在波士顿再演。"耶利米"是一部令人印象深刻的交响乐处女作。第三乐章是伯恩斯坦在 1939 年为《耶利米哀歌》（Lamentations of Jeremiah）谱的曲，是

---

[1] 西梅奥内，《伦纳德·伯恩斯坦书信》，第 128 页。
[2] 这里对 Amber 采用的是音译的方法，这个词在英文中有琥珀的意思；而"伯恩斯坦"在德语中的意思就是琥珀，是德国人和犹太人中的一个常见姓氏。——译者注

为次女高音和管弦乐队而作。1942年秋天，他增补了"预言"（Prophecy）和"亵渎"（Profanation）两个引子乐章，从而构建起完整的叙事体系：先知对于耶路撒冷在公元前586年落入巴比伦人之手的预言、对于犹太人罪孽的描述和最后的哀悼。在每一个乐章中，伯恩斯坦都使用了犹太人祷告中的诵经音乐，"预言"中开篇的号角声就是其中的一例，既有在科普兰的作品中听到的那种慷慨激昂感，又有在这位年长的作曲家那里不常见的直白抒情。[1] 在"亵渎"中，伯恩斯坦用不断转换的拍子以及在科普兰和斯特拉文斯基的作品中经常能够听到的那种无法预测的八分音符二连或三连音组，营造出一种类似现代派对音乐的效果，此外还加入了后来在《西区故事》中收放自如的百老汇音乐元素。"哀悼"富有抒情性，在音调上带有浓重的犹太特征，有点像欧内斯特·布洛赫的音乐，但是极度震撼人心，也首次印证了伯恩斯坦在人声创作方面的天赋。伯恩斯坦将这支交响曲献给自己的父亲，这也是对他一生影响最大的犹太人。如果考虑到伯恩斯坦是在大屠杀期间完成的这部作品，那么就会令它蒙上一重别样的酸楚——这对伯恩斯坦一家和许多其他犹太裔美国人来说都是一个灾难性事件，毕竟他们尚有亲人生活在纳粹统治区。大约同一时段，伯恩斯坦还写了一些相对不那么重要的作品：声乐套曲

---

[1] 杰克·戈特利布（Jack Gottlieb），"伦纳德·伯恩斯坦音乐中信仰的符号"，《音乐季刊》（*Musical Quarterly*），lxvi/2（1980年4月），第292—293页。

《我讨厌音乐！》（*I Hate Music!*）——歌名来自他的室友艾蒂斯·梅里尔的评价；五支《纪念日》（*Anniversaries*）钢琴独奏曲——献给朋友和导师；一种钢琴微型曲——在他后来的职业生涯中又不断重新拾起。

1943年，有不少迹象表明伯恩斯坦被视为一位惊艳的钢琴家和指挥家。科普兰本来受邀在2月的一次市政厅活动上弹奏自己的《钢琴奏鸣曲》，并且活动还包括围绕这件作品展开的一个讨论会，但由于在加州忙于一部电影的配乐，他发现自己没法赶回去。伯恩斯坦几乎毫无征兆地代替他出席，并且在论坛发言时也给观众留下了深刻的印象。3月30日，伯恩斯坦在现代艺术博物馆上演的保罗·鲍尔斯的歌剧《风犹在》（*The Wind Remains*）中实现了自己在纽约的指挥首秀。这个时候，伯恩斯坦已经受到阿图尔·罗津斯基（Artur Rodzinski）的关注——后者是纽约爱乐乐团的新任总监，将从当年秋天开始履职。在3月5日写给奥本海姆的信中，伯恩斯坦陈述道，纽约爱乐乐团的经理助理布鲁诺·兹拉图（Bruno Zirato）打电话告诉他，他们的指挥对他很感兴趣，希望聘任他为助理指挥。[1] 1943年8月25日，在他25岁生日当天，伯恩斯坦在罗津斯基位于马萨诸塞州斯托克布里奇用来消暑的家中了解到了他这个新职位的确切信息。他走对了路，盛名在望。

---

1 西梅奥内，《伦纳德·伯恩斯坦书信》，第111页。

3 "我在卡耐基音乐厅有了宽敞体面的公寓":求索时代,1943—1951

走上全新的岗位,坐拥地理位置优越的住所,伦纳德·伯恩斯坦肯定有种梦想成真的感觉。[1] 当伯恩斯坦踌躇满志地试图在交响乐领域闯出一番事业的时候,世间几乎没有成功的美国指挥,各年龄段都找不出来,更不要说像他这样还是在美国本土接受训练的了。对于美国古典音乐的翘楚而言,欧洲的求学经历是必不可少的,几十年来皆是如此;然而,伯恩斯坦在求学的年纪正值战争临近,要去欧洲困难重重。此外,他还受到犹太人身份的束缚。在20世纪上半叶,美国犹太人在戏剧和电影行业取得了巨大的飞跃,不过美国古典音乐的顶尖职位通常是由欧洲人把持的——他们要么生来不是犹太人,要么后天转投他教。库赛维斯基就是后一类的代表,

---

[1] 本章标题中的引文出自奈杰尔·西梅奥内(Nigel Simeone)编著的《伦纳德·伯恩斯坦书信》(*The Leonard Bernstein Letters*)(康涅狄格州纽黑文,2013),第145页。

而且也曾建议伯恩斯坦把名字改得听起来不那么像犹太人，这样的话成功的机会大一些。库赛维斯基建议的名字是"伦纳德·S. 彭斯"（Leonard S. Burns）（"S"代表"塞缪罗维奇"，即"塞缪尔之子"），但伯恩斯坦拒绝了。

伯恩斯坦的新职责包括学习纽约爱乐乐团在罗津斯基或者客座指挥治下的所有乐谱，以便能在需要的时候顶替他们；再就是审阅作曲家向爱乐乐团提交的新作品。伯恩斯坦从这样的工作中获得了回报，那就是在当年的演出季末期得到了在卡耐基音乐厅的一场音乐会上指挥合奏的机会。一位助理指挥真的代替抱恙的指挥大师出现在重大的演出中，这是多年未曾出现的。

幸运女神在不少地方向伯恩斯坦露出了笑容；他注定不会一直是一名籍籍无名的助理指挥。他继续用业余时间进行创作——在一生绝大多数的时候都是如此。他此时已经遇到了俄罗斯次女高音珍妮·图雷尔（Jennie Tourel），并且与她成了朋友。图雷尔将他的声乐套曲《我讨厌音乐》列入了她在纽约的首场独唱会，定于11月13日在市政厅上演。此前，他们已经于8月份在马萨诸塞州的莱诺克斯演奏了这一组曲。伯恩斯坦邀请家人观看纽约的这次首演。他们虽然出席了，但并不知道自己的儿子已经获悉，客座指挥布鲁诺·沃尔特（Bruno Walter）得了流感，因而可能会缺席第二天的午后场演出。独唱会之后的那一晚，伯恩斯坦的大多数时间都是在图雷尔公寓的派对上度过的。第二天早上九点,他被唤醒,得知罗津斯基拒绝来纽约顶替沃尔特,因此将由伯恩斯坦指挥当天午间面向全国转播的演出。他打电话让父母留在城里,去指挥包间落座观演,然后去找沃尔特,询问曲目中有哪些地方需要注意——曲目包括罗伯特·舒曼(Robert Schumann)的《曼弗雷德序曲》('Manfred' Overture)、米克洛什·罗饶(Miklós Rósza)的《主题,变奏与终曲》(*Theme, Variations and Finale*)、理查德·施特劳斯(Richard Strauss)的《堂吉诃德》(*Don Quixote*)和理查德·瓦格纳(Richard Wagner)的《纽伦堡的名歌手》(*Die Meistersinger*)的序曲。这个节目单可不太好对付,彩排时间多一点会有所助益——特别是施特劳斯的作品,这是一首复杂的音诗,一位大提琴家和一位小提琴家的独奏在其中承担重任;还有罗饶(Rósza)的作品,在节奏上有很多难点。然而,伯恩斯坦保持冷静,因为他心里清楚前三支曲子将会在全国转播。这场音乐会进展得极为顺利,观众多次呼喊我们的这位年轻音乐家重返舞台谢幕。在中场休息以及后来在绿房间的时候,他的父母一时情难自已——尤其是他父亲,一定惊讶于事态的变化。

在一个渴望利好消息的战时城市、国家,伯恩斯坦很快成为媒体的宠儿。第二天,《纽约时报》(*New York Times*)以头版故事的形式报道了他的成功,而在另一篇文章中,乐评人奥林·唐斯(Olin Downes)称赞了伯恩斯坦

> **THE PHILHARMONIC-SYMPHONY SOCIETY OF NEW YORK**
> 1842　1878
> CONSOLIDATED 1928
> ARTUR RODZINSKI, Musical Director
>
> 1943　ONE HUNDRED SECOND SEASON　1944
>
> **CARNEGIE HALL**
> SUNDAY AFTERNOON, NOVEMBER 14, 1943, AT 3:00
> 4025th Concert
>
> Under the Direction of
> ~~BRUNO WALTER~~
> LEONARD BERNSTEIN　　Substitute
>
> **PROGRAM**
>
> SCHUMANN　　Overture to "Manfred," Op. 115
>
> MIKLOS ROZSA　　Theme, Variations and Finale, Op. 13
>
> INTERMISSION
>
> STRAUSS　　"Don Quixote" (Introduction, Theme with Variations and Finale); Fantastic Variations on a Theme of Knightly Character, Op. 35
> Solo 'Cello: JOSEPH SCHUSTER
> Solo Viola: WILLIAM LINCER
>
> WAGNER　　Prelude to "Die Meistersinger"
>
> ARTHUR JUDSON, Manager　　BRUNO ZIRATO, Associate Manager
> THE STEINWAY is the Official Piano of The Philharmonic-Symphony Society
> COLUMBIA AND VICTOR RECORDS
> ORCHESTRA PENSION FUND—It is requested that subscribers who are unable to use their tickets kindly return them to the Philharmonic-Symphony Offices, 113 W. 57th St., or to the Box Office, Carnegie Hall, at their choice either to be sold for the benefit of the Orchestra Pension Fund, or given to the uniformed men through the local organizations instituted for this purpose. All tickets received will be acknowledged.
> "Buy War Bonds and Stamps"

伯恩斯坦于 1943 年 11 月 14 日首次指挥纽约爱乐乐团演出的节目单——他在没有进行彩排的情况下代替了布鲁诺·沃尔特。

的作品，其中包括这样富有先见之明的评价："伯恩斯坦先生第一次在公共音乐会上担任重要交响乐团的指挥就展现出,他是新一代指挥中屈指可数的人物,毫无疑问不容小觑。"[1]《每日新闻》(Daily News)用了一个棒球比喻,将伯恩斯坦比成一个做出惊险的"鞋带扑救"(在球即将落地时将其抓获)动作的外野手。[2] 自此之后,媒体的报道纷至沓来,并且将伴随伯恩斯坦一生。尽管这位音乐家显然享受着这般如潮的重点关注,但是这也带来了不小的挑战。无论是伯恩斯坦本人,还是他的家人,显然都没有为之后的那么多采访做好准备,都说了一些不该说的话。伯恩斯坦曾告诉一位记者:"我看起来就像是一个身强体健的瘾君子。"——这一幽默的自我评价成为他多年的困扰。[3] 他父亲则被指责不鼓励儿子从事音乐行业,曾争辩道:"我怎么知道我儿子能成为现在的伦纳德·伯恩斯坦?"[4]

值得铭记的一年仍在延续。伯恩斯坦已经定于后一个周日在一场电视转播的音乐会上指挥欧内斯特·布洛赫(Ernest Bloch)的《三首犹太诗》(Three Jewish Poems),并在两周之后代替了生病的美国指挥哈罗德·巴洛(Harold Barlow)——这次进行了一次彩排。结果是,这个包含德利乌什、勃拉姆斯和贝多芬的演出单又一次取得了成功。罗津斯基对自己这位助手的声名鹊起渐生不满,有

---

[1] 唐斯,"伯恩斯坦展现了对于曲目的掌控",《纽约时报》(New York Times),1943年11月15日,第40页。
[2] 伯顿,《伦纳德·伯恩斯坦》,第117页。
[3] 同上,第122页。
[4] 肖恩,《伦纳德·伯恩斯坦:一位美国音乐家》,第60页。

一次他抓住了伯恩斯坦的领结。[1]

在伯恩斯坦成为美国屈指可数的知名青年指挥之际，他的第一首交响曲也为人所知。那个冬天，"耶利米"在匹兹堡和波士顿双双取得了成功（这是伯恩斯坦作为客座指挥与重要的管弦乐团进行合作的初体验，意义重大；之后的春天，他在蒙特利尔代替了另外一位生病的指挥），接着罗津斯基允许我们的作曲家在3月和4月四次指挥纽约爱乐乐团演奏他自己的交响曲。它获得了当年5月"纽约音乐乐评圈"评出的最佳新古典创作奖，并且由弗兰克·里奇（Frank Rich）指挥美国国家广播公司交响乐团演奏，通过电视转播响彻全国。一位年纪轻轻的指挥和作曲家以如此突然的方式取得成功，这至少不是一桩寻常事。

《自由幻想》和《锦城春色》

伯恩斯坦还在为另一场令人铭记于心的首演而努力。他在秋天遇到了青年舞蹈家、芭蕾剧院舞团的独舞者杰罗姆·罗宾斯。在其编舞处女作中，罗宾斯设计了关于几个水兵兴高采烈地来到纽约休假的剧本，并说服自己的公司

---

[1] 伯顿，《伦纳德·伯恩斯坦》，第124页。

3 "我在卡耐基音乐厅有了宽敞体面的公寓":求索时代,1943—1951

为其投资。这个想法颇具新意,需要一名能够驾驭爵士和蓝调音乐风格的作曲家。经过一番寻找,罗宾斯发现伯恩斯坦展现出了相应的音乐特性,于是找到了他。在罗宾斯的安排下,芭蕾剧院舞团委托伯恩斯坦作曲,但酬金只有可怜的 300 美元。[1]

和罗宾斯协同工作颇具挑战。那个冬天的大部分时候罗宾斯都在四处奔波,而伯恩斯坦也很忙。但他喜欢现场合作带来的刺激,和罗宾斯还有另外一名舞者在录音棚里一起工作过几次——他们编舞,他来即兴创作。不过,大多数时候,他都是独自一人创作,然后和科普兰一起通过双钢琴演奏,再将录音和乐谱的片段寄给罗宾斯。他写给罗宾斯的信保留下来了不少,从中可以看到他们一起工作的细节和精气神。

伯恩斯坦经常难以找到作曲的时间,不过他把《自由幻想》当成了重中之重。在 1943 年 12 月的一封信中,他建议加入一首流行风格的歌曲,并且是在舞台上演唱[2],不过最终他们用的是《重要的东西》(Big Stuff)的录音——这是伯恩斯坦写的一首蓝调风格的歌曲,由他妹妹录制。伯恩斯坦发现自己写起钢琴独奏曲得心应手,通过这样一种富有特色的方式对爵士和蓝调予以表征,不过他

---

[1] 伯顿,《伦纳德·伯恩斯坦》,第 127 页。
[2] 西梅奥内,《伦纳德·伯恩斯坦书信》,第 150 页。

担心在大都会歌剧院进行钢琴独奏，音效会打折扣。[1] 罗宾斯敦促伯恩斯坦让音乐越简单越好，特别是节奏方面；作曲家抗议道，他就是这么做的，只是他显然想要能吸引人的节奏。他要罗宾斯在必要的地方增加小节或重复，不过也希望避免音乐变得无趣。[2] 伯恩斯坦用音乐描述了特定的情节〔这经常被称作"米奇摹写"（Mickey-Mousing），在动画配乐中常能听到〕，比如水兵们分食一条口香糖的场景。[3] 在一个地方，伯恩斯坦建议，仅由两架钢琴和打击乐器完成配乐可能更好[4]，但罗宾斯显然想要一整个管弦乐队。伯恩斯坦用情感术语为自己的作品辩护，有一次向罗宾斯断言，《第二变奏曲》并不"忧郁"，而是"怪异、非常具有舞感、和声部分有一点酸楚、充满了抒情的爵士音乐性"[5]。

该芭蕾舞剧包括七个主要部分："三水兵入场""酒吧戏""两女孩入场""双人舞""争夺戏""三段变奏舞"（"加洛普""华尔兹"和"丹松"）和"终章"。前三部分弥漫着爵士和拉丁的印记——类似在大型乐队演奏中听到的那种管乐器的区块编曲[6]，还有钢琴独奏、伦巴节奏，

---

1 西梅奥内，《伦纳德·伯恩斯坦书信》，第151页。
2 同上，第156页。
3 同上，第154页。
4 同上，第155页。
5 同上，第157页。
6 区块编曲（block-scoring）是指在一个区块内，在原来某种乐器的基础上增加另一种乐器同时演奏。——译者注

以及可以媲美爵士鼓的打击乐器效果。"两女孩入场"中的法国号短曲正像里姆斯基-柯萨科夫的《雪赫拉莎德》的第二乐章中的一样。"双人舞"这部分伴随着动人的管乐器独奏配乐,受到蓝调的影响更多。"争夺戏"混合了爵士印记、斯特拉文斯基的《彼得鲁什卡》以及《雪赫拉莎德》的其他部分的影响,而"加洛普"和"华尔兹"是对这些欧洲舞蹈类型的新古典主义诠释——后一部分不乏蓝调的印记和新潮的附点节奏。"丹松"是伯恩斯坦最早受到拉丁影响的乐章之一,有可能是受到科普兰的古巴舞曲的影响,完成于1942年。(这支曲子的双钢琴版本的首演是由伯恩斯坦和科普兰一起完成的。)关于这部芭蕾舞剧最初的一些音乐想法汇集在了一起,形成了"终章"。

《自由幻想》一炮而红。在战争期间以欢庆的美国水兵为主题本身就有票房保障,更不要说罗宾斯还出演了其中的一个角色,将交谊舞的舞步与芭蕾舞的矫健和艺术感完美地结合在一起。这些水兵个个自信洋溢,神气十足;尽管是结伴而来,然而当看到酒吧里没几个女性时又会彼此较劲,迫切地争夺她们的关注。在享受过对这些男性的支配权之后,这些女性离去了。伯恩斯坦通过指挥传递了自己对于音乐的理解,并且掌控着速度的快慢。经纪人索尔·胡洛克不得不将演出季延长了两个星期,其间剧场中挤满了只有站立之地的观众。之后,这个作品开始巡演。伯恩斯坦找到了一位志同道合的伙伴,将自己的创作延伸到了舞蹈世界。

将《自由幻想》改编为音乐剧的想法是由奥利佛·史密斯（Oliver Smith）提出的——这是一名戏剧设计师，同时参与了这部芭蕾舞剧和《锦城春色》的工作；史密斯和保罗·费盖伊（Paul Feigay）一起制作了音乐剧。[1] 伯恩斯坦坚持要带贝蒂·科姆登和阿道夫·格林加入这个项目，为其创作歌词和剧本——后者指的是演出还需要的部分，包括对白和舞台指令。1944年的下半年，他们在一起工作，地点包括6月份曼哈顿的一家医院，因为伯恩斯坦和格林分别在这里动了小手术；还有8月份的南加州，因为罗宾斯和伯恩斯坦正在这里进行《自由幻想》的巡演。他们精心设计了服务于情节和人物塑造的歌曲和舞蹈序列——这

堪萨斯城市芭蕾舞团于2013年10月制作的《自由幻想》。三位水兵争夺仅有的两位女性。

---

1 关于《锦城春色》的权威研究，参见卡罗尔·J. 奥亚（Carol J. Oja），《伯恩斯坦遇上百老汇：战争时期的合作艺术》（*Bernstein Meets Broadway: Collaborative Art in a Time of War*）（纽约，2014）。

也是百老汇音乐剧开拓进取的创作人最新的目标,正如理查德·罗杰斯(Richard Rodgers)和奥斯卡·哈默斯坦二世(Oscar Hammerstein)在《俄克拉荷马!》(Oklahoma!,1943)中绝妙展现的那样。与《俄克拉荷马!》相比,罗宾斯设计了更多的舞蹈片段。

《锦城春色》的演职人员中包括三对男女,其中女性角色更引人入胜,对剧情的影响也更大。另一个关键人物是导演乔治·阿博特(George Abbott)——他与罗杰斯和哈特一起奉献出不少成功的演出,对20世纪30年代末音乐喜剧的发展至关重要。[1] 阿博特的加入帮助史密斯和费盖伊为项目筹措到了必要的资金——大多数来自米高梅公司(MGM)。阿博特在这些年轻的合作者面前扮演着"灰衣主教"的角色,删减掉了那些他认为放慢了叙事进程的对白、歌曲和舞蹈部分。[2]

伯恩斯坦创作的配乐超过90分钟,按照百老汇的标准来看,其中有一些片段过于复杂或不甚和谐;不过,正如在《自由幻想》中一样,音乐剧中对于爵士、蓝调和其他民间风格的使用叹为观止。他虽然没为《锦城春

---

[1] 要对乔治·阿博特有更多了解,参见保罗·R. 莱尔德(Paul R. Laird),"不只是一位制作人:'乔治·阿博特出品'",收录于劳拉·麦克唐纳德(Laura MacDonald)和威廉·A. 埃弗里特(William A. Everett)主编的《帕尔格雷夫音乐剧制作人指南》(The Palgrave Handbook of Musical Theatre Producers)(纽约,2017),第163—172页。
[2] 要了解这位导演对于创作《锦城春色》的理解,参见乔治·阿博特所著的《阿博特先生》(Mister Abbott)(纽约,1963),第199—200页。

色》写出什么脍炙人口的歌曲，但每一首都恰如其分地烘托了戏剧场景。伯恩斯坦享受着自己与科姆登和格林的合作。当《失控》（Carried Away）行不通的时候，他们俩建议伯恩斯坦不妨降一下调。这一变化，加上他们俩强有力的嗓音（科姆登和格林分别在舞台上扮演克莱尔和奥兹），将《失控》打造得极为出彩。这首曲子连同其他一些歌（例如《上我这儿来》）展现出伯恩斯坦创作喜剧音符的天赋——后一首歌是由希尔德加德·埃斯特黑齐（Hildegard Esterhazy）这一妖媚的出租车司机角色演唱的，其中包括布吉乌吉（boogie-woogie）和蓝调音程。由南希·沃克（Nancy Walker）扮演的希尔德加德还演唱了《我也会做饭》（I Can Cook, Too）——这首歌的字里行间充满了标准蓝调音乐那种双重含义（包括做饭和性暗示），俏皮而不失欢愉，又配上了蓝调风情的曲调。《纽约，纽约》（New York, New York）展示了伯恩斯坦作品的复杂性，这包括开篇的嘹亮短串中刺耳、不和谐的和弦，以及对于卡农的使用。还有一些沉思性的歌曲，包括《孤独城镇》（Lonely Town）这样可爱的民谣，以及《别的某个时候》（Some Other Time）——在这首歌中，创作者让剧中人物以一种凄楚的方式为他们共度的二十四小时收场，让他们意识到只能等到以后再去进一步探索他们之间的关系了，这也是一个处在战争中的国家面临的沉重现实。

伯恩斯坦自己写了舞蹈音乐，而这项工作在百老汇通常是由舞蹈编排者来做的。罗宾斯也将《自由幻想》中那种颇受欢迎的情感带到了音乐剧中。"艾薇·史密斯"（Ivy Smith）这个角色是由芭蕾剧院舞团的大里索诺（Sono Osato）扮演的，她之前曾有过百老汇的经历。[1] 罗宾斯在"特斯泰尔斯小姐的展示""孤独城镇：双人舞"和其他一些舞蹈中利用了她在古典舞方面的素养。舞蹈的编排中有一些妙趣横生的瞬间，不过没人会错将《锦城春色》中的舞蹈与传统的百老汇踢踏舞等同。和《自由幻想》中一样，伯恩斯坦的舞蹈音乐绝妙地融合了古典和民间风格，我们如今一听选自《锦城春色》的"三个舞蹈片段"，就能够很容易地赏析到这一点——这也是伯恩斯坦在音乐会上的管弦乐组曲。此外，伯恩斯坦和其他四位编曲家一起负责演出的编曲。

《锦城春色》于 1944 年 12 月 28 日开演，轰动一时，好评如潮。刘易斯·尼克尔斯（Lewis Nichols）在《纽约时报》上对各个方面都称赞有加，并且指出了该剧在融合上的匠心独运："《锦城春色》完美地诠释了将各种体面的艺术严丝合缝地融合在一起能为剧场带来什么。"[2] 这部剧共

---

[1] 关于这位日裔美国舞蹈家在第二次世界大战期间闪耀百老汇的精彩故事，参见大里索诺所著的《遥远的舞蹈》（*Distant Dances*）（纽约，1980），第229—247页。
[2] 尼克尔斯，"《锦城春色》这部剧"，《纽约时报》，1944 年 12 月 29 日，第 11 页。

上演了 462 场，放在今天并不算长，不过当其在 1946 年 2 月停演的时候，第二次世界大战已经结束了，这部剧存在的核心价值也就不在了。1971 年，这部剧在百老汇的第一次复排惨淡收场，不过之后的几次复排要更成功一些，比方说 2014 年开始的这一次共上演了 368 场。[1] 原版音乐剧在许多方面都具有开创性，特别是在种族问题上：除了大里索诺领衔出演，剧中还有一个由白人和非裔美国人共同组成的合唱团手拉着手出场，并且还有埃弗里特·李（Everett Lee）这位非裔美国人担当乐池指挥。对于伯恩斯坦而言，《锦城春色》是一次个人的成功，并且利润丰厚。不过，在波士顿试演期间，他与库赛维斯基发生了激烈的争执——虽然库赛维斯基很喜欢这部剧，但是痛斥自己的门生不该在大众娱乐上浪费自己的天赋。伯恩斯坦此后几乎再没有参与过百老汇的工作，一直到 1951 年导师去世之后。

除了为《锦城春色》创作，在 1944 年的下半年，伯恩斯坦还在《自由幻想》的巡演中担任指挥，并客座指挥了不少管弦乐团，还在政治活动中亮相。他公开支持一些左翼团体，这也使得他在联邦调查局的档案持续增长。[2] 他经常接受媒体采访，甚至出现在广播游戏节目中。

---

[1] 参见 www.ibdb.com，登陆于 2016 年 8 月 9 日。
[2] 要了解伯恩斯坦生涯中的这一部分，参见巴里·塞尔德斯所著的《伦纳德·伯恩斯坦：一位美国音乐家的政治生活》（*Leonard Bernstein: The Political Life of an American Musician*）（加州伯克利，2009），第 25—32 页。

纽约城市交响乐团

1945年伊始,伯恩斯坦已是美国最受欢迎的客座指挥家之一,他的经纪人亚瑟·贾德森(Arthur Judson)在那一年给他预订了十四个不同的管弦乐团。[1] 此外,伯恩斯坦与一个好莱坞电影项目有过试探性接触——由他扮演柴可夫斯基,同时担任音乐顾问——不过最终没能达成一致。伯恩斯坦在1945年完成的唯一作品是《帮帮我们》(*Hashkiveinu*)——这是为一段犹太祷告文谱的曲,由男高音、合唱和管风琴完成,是受纽约公园大道犹太会堂的委托而作,并于5月11日在这里进行了首演。这是一首动人的三段式(ABA)曲子,富有多种神韵和生动强烈的冲突。曲子的外围部分以一种类似吟诵的旋律为标志,是通过在管风琴上使用绵延不绝的持续音发出来的,而核心部分则速度更快,体现出了对于节奏更强烈的兴趣。

1945年,伯恩斯坦有了自己的管弦乐团:纽约城市交响乐团。在库赛维斯基的推荐之下,伯恩斯坦接了利奥波德·斯托科夫斯基(Leopold Stokowski)的班。该乐团成立于1943年,在曼哈顿中城的"音乐舞蹈市中心"进行音乐会演出。据小道消息,斯托科夫斯基是获准告假[2],不过伯恩斯坦带来的轰动效应太强,让他变得不可或缺。虽然

---

[1] 伯顿,《伦纳德·伯恩斯坦》,第138页。
[2] "伯恩斯坦领衔城市交响乐团",《纽约时报》,1945年8月29日,第25页。

伯恩斯坦是由时任市长菲奥雷洛·拉瓜迪亚（Fiorello LaGuardia）任命的，但该乐团并未获得市政拨款；乐团的预算全靠演出收入来维持。作为总监，伯恩斯坦没有薪水，只为他报销开支。不过，依靠作品的版税，他衣食无忧。

伯恩斯坦在 8 月 25 日，即 27 岁生日当天获悉了自己被任命的消息——这位音乐家认为这样的巧合实属天意。演出季从 10 月到次年 4 月，共有 12 场价格适中的音乐会，安排在周一和周二的时候。伯恩斯坦面试了一个新的管弦乐队，集结了一帮年轻音乐家，只保留了上一季演出阵容的三分之一，并整合出带劲的候选节目单。[1] 10 月 8 日的开箱音乐会汇集了科普兰的《户外序曲》、肖斯塔科维奇的《第一交响曲》以及勃拉姆斯的《第二交响曲》。奥林·唐斯在《纽约时报》上对这场音乐会给予了积极的评价。他承认，尽管该乐团的才华还不算顶尖，但"这些演出提醒人们，技艺上的完美无瑕是次要的。所有的演出都激情澎湃"。唐斯在结尾部分对伯恩斯坦的新工作给予了全然的赞许："我们相信，伯恩斯坦先生现在来到了一个好地方，能和由像他一样的年轻音乐家组成的管弦乐团通力协作，还有日臻完美的曲目。这才是一位指挥家。"[2]

---

[1] 鲁斯·奥尔金（Ruth Orkin），"在音乐的世界里：纽约城市交响乐团开启了自己的演出季"，《纽约时报》，1945 年 10 月 7 日，第 x4 页。
[2] 唐斯，"伯恩斯坦在市中心开演；以华丽的方式指挥肖斯塔科维奇的《第一交响曲》——找到了更好的管弦乐队"，《纽约时报》，1945 年 10 月 9 日，第 25 页。

3 "我在卡耐基音乐厅有了宽敞体面的公寓":求索时代,1943—1951

在接下来的三个演出季中,伯恩斯坦仍带来了一些轰动效应,并且使自己的管弦乐团能够和财大气粗、依旧由罗津斯基领衔的纽约爱乐乐团分庭抗礼。伯恩斯坦为乐团带来了非比寻常的活力,并引领了大胆编排节目的风尚。他在第一季的时候指挥了 12 场音乐会中的 9 场,而在另外两季中都指挥满了 10 场演出。难能可贵的是,在第二季和第三季,每一场音乐会要么会成为一部现代作品在纽约城的首演或第二次演出,要么会有别的噱头十足的作品登场。[1] 比方说,在 1946 年 11 月 18 日得到首次演奏的节目单主要由不为人知的曲目构成,包括亚历克斯·诺斯(Alex North)、约翰·莱塞德(John Lessard)、弗拉基米尔·杜克斯基(即弗农·杜克)[Vladimir Dukelsky (Vernon Duke)]和塞缪尔·巴伯(Samuel Barber)的作品,而这场音乐会是以柴可夫斯基的《第六交响曲(悲怆)》[Symphony no. 6 (Pathétique)]收尾的。[2] 一周之后,他带来了斯特拉文斯基的六支曲子,其中包括《俄狄浦斯情结》(*Oedipus Rex*)和《火鸟套曲》(*Firebird Suite*)。除了《户外序曲》,伯恩斯坦还指挥乐团在之后的音乐会上演奏了自己的导师科普兰的《钢琴协奏曲》和《声明》(*Statements*),还有马克·布利茨坦的《空中交响

---

[1] 伯顿,《伦纳德·伯恩斯坦》,第 144 页。
[2] 霍华德·陶布曼[H (oward) T (aubman)],"伯恩斯坦领衔三场首演:古德曼·布里连特在市中心富有反差的节目单中独奏诺斯的《观点》",《纽约时报》,1946 年 11 月 19 日,第 48 页。

曲》(*The Airborne Symphony*)——这是一部战时的戏剧作品,奥林·唐斯对其1946年4月1日的全球首演的评价是"一等一的戏剧"[1]。

伯恩斯坦与该乐团最后一次同台演出的是布利茨坦的《大厦将倾》的舞台剧版本。第三季的时候,有一些评论家认为演出的水准有所下滑,其中包括《先驱论坛报》的维吉尔·汤姆森(Virgil Thomson)——他一直不喜欢伯恩斯坦充满活力的指挥风格,写了一篇尖锐的评论,在其中质疑伯恩斯坦对欧洲文化的钟情,并且暗示他的职业生涯已经变成了"全然的自吹自擂"[2]。该乐团一直是小本经营,伯恩斯坦的第三个演出季是靠着美国音乐家联盟的"地方802"捐赠的10000美元才得以实现的,而下一年他们就不会再给了。[3] 伯恩斯坦四处寻找更加稳定的财政保障,希望增加彩排的次数、提高音乐家的报酬以及延长演出季,并且想让总监也能获得薪水。由于"城市中心"的总裁纽博尔德·莫里斯(Newbold Morris)无法满足这些要求,伯恩斯坦就辞职了。这是伯恩斯坦在纽约城市交响乐团的最后一季,此后的十年间他都是一名客座指挥。

---

[1] 唐斯,"观众为布利茨坦的作品欢呼:市中心的人群在《空中交响曲》的全球首演上对其发出强烈赞许",《纽约时报》,1946年4月2日,第23页。
[2] 转引自伯顿,《伦纳德·伯恩斯坦》,第144页。
[3] "伯恩斯坦辞去了交响乐团总监一职:由于预料之中的秋季预算削减,指挥离开了城市乐团",《纽约时报》,1948年3月8日,第17页。

3 "我在卡耐基音乐厅有了宽敞体面的公寓":求索时代,1943—1951

伯恩斯坦来到巴勒斯坦

巴勒斯坦交响乐团的存在,加上其与犹太复国运动的联系,完全契合了伯恩斯坦的信仰和雄心壮志。波兰小提琴家布罗尼斯瓦夫·胡伯曼(Bronislaw Huberman)于1936年成立了该管弦乐团,认为它"是高度的文化价值的化身,能够在全世界面前代表犹太国家"[1]。阿图罗·托斯卡尼尼(Arturo Toscanini)来到巴勒斯坦,指挥了该乐团的首场音乐会,之后得到其他一些知名客座指挥的接棒,比如威廉·斯坦伯格(William Steinberg)和马尔卡姆·萨金特爵士(Sir Malcolm Sargent)。该乐团并没有固定的指挥。

1946年5月28日,伯恩斯坦在纽约当着美国援助巴勒斯坦基金会表示自己支持犹太复国运动,而支持他们的管弦乐团正是他力所能及的。他宣布自己将前往巴勒斯坦,在1947年春天担任乐团指挥——该乐团于1945年11月与伯恩斯坦取得联系,后来还达成了这样的协定[2],即该乐团的官员 S.B. 鲁尔托夫(S. B. Lewertoff)在后续交流中透露,他们聘用指挥家的方式是支付他们从欧洲过来的旅

---

[1] 转引自埃丽卡·K. 阿伊罗普洛斯(Erica K. Argyropoulos),"指挥文化:伦纳德·伯恩斯坦,以色列爱乐乐团以及犹太美国身份的推敲,1947—1967"(Conducting Culture: Leonard Bernstein, the Israel Philharmonic Orchestra, and the Negotiation of Jewish American Identity, 1947—1967),博士论文,堪萨斯大学(2015),第77页。
[2] 同上,第85—86页。

费以及在巴勒斯坦和埃及期间与乐团表演时产生的开支，但无力为他们的服务付款。伯恩斯坦同意，在1947年进行欧洲指挥巡演的过程中同时担任巴勒斯坦乐团的指挥。

他第一次去以色列时带上了父亲和妹妹。他们先乘船去了瑟堡，然后赶赴巴黎。那时候要进入巴勒斯坦只能通过埃及，而由于伯恩斯坦公开支持犹太复国主义，要从巴黎的埃及大使馆获得必要的签证颇具挑战。此后，他们在开罗登机飞往巴勒斯坦的时候也遇到了一些问题。当他们抵达目的地时，这里正深陷于矛盾和暴乱之中。不过，通过伯恩斯坦的信件可以看到，这样的刺激性场面以及和乐团的合作都令他感到沉醉。比方说，他在给库赛维斯基的信中写道："如果你想要亲身经历一个历史性时刻，这就是了。这里的人民真是了不起；尽管与炸弹、警察以及这一切共存，生活依然在继续……交响乐团挺好的，我正在大获成功。"[1]

伯恩斯坦以自己的方式引爆了巴勒斯坦，带来刺激性十足的场面。他和乐团一起出演了9场音乐会，是在好几个城市的不同场馆完成的——其实没有哪一个能被称为真正的音乐厅。伯恩斯坦的演出单上汇集了他烂熟于心的作品：罗伯特·舒曼的《第二交响曲》、拉威尔的《G大调钢琴协奏曲》（Piano Concerto in G）（伯恩斯坦担任独奏兼指

---

[1] 西梅奥内，《伦纳德·伯恩斯坦书信》，第224—225页。

3 "我在卡耐基音乐厅有了宽敞体面的公寓":求索时代,1943—1951

挥)以及他自己的《第一交响曲(耶利米)》。在前三场音乐会上,他用莫扎特的《第36交响曲》(Symphony no. 36)代替了自己的作品,不过毫无疑问,"耶利米"在5月1日的耶路撒冷一经演奏就大获成功。[1] 这首交响曲在巴勒斯坦的首演之所以姗姗来迟,是因为曲谱在罗马到耶路撒冷的途中不见了,后来不得不从纽约将其空运过来,这才得以让伯恩斯坦品尝到耶路撒冷首演的喜悦。[2] 彼得·格拉登维茨(Peter Gradenwitz)是巴勒斯坦的一位知名乐评人,后来成为伯恩斯坦的好友,并为他作传。据他描述,这位指挥家"是多年来最被津津乐道的人物,也是最受欢迎的来访者之一",格拉登维茨表示:"自阿图罗·托斯卡尼尼的时代以来——您应该还记得,正是他在十年前让我们的乐团起步——再没有一位指挥家能一次又一次地被召回,并且得到类似的礼遇。"[3] 由于伯恩斯坦能用希伯来语与乐团工作,这让他们对他的热情更加高涨。那年夏天晚些时候,巴勒斯坦交响乐团向伯恩斯坦抛出了总监一职的橄榄枝。伯恩斯坦拒绝了这一邀约,不过同时表示希望一直能是乐团的重要一员,也就此开启了他与该乐团错综复杂、绵延余生的一舞。

在返回美国之前,伯恩斯坦继续进行自己余下的欧洲

---

[1] 伯顿,《伦纳德·伯恩斯坦》,第162页。
[2] 阿伊罗普洛斯,"指挥文化",第91—92页。
[3] 格拉登维茨,"巴勒斯坦的访客:伯恩斯坦为庆祝交响乐团的周年纪念日助兴",《纽约时报》,1947年5月18日,第87页。

伯恩斯坦在卡耐基音乐厅指挥彩排——大约摄于1946年至1948年间。

巡演,其中的亮点包括在布拉格指挥科普兰的《第三交响曲》(Symphony no. 3),完成了其在欧洲的首演(伯恩斯坦就这场演出给作曲家本人写了一封戏谑味道十足的信[1]),还有他在巴黎、布鲁塞尔和海牙的音乐会。回到纽约之后,他在刘易松体育场的四场音乐会上担任纽约爱乐乐团的指挥,之后前往坦格尔伍德参加夏季演出,成为库赛维斯基

---

[1] 西梅奥内,《伦纳德·伯恩斯坦书信》,第225—226页。

之外在节日音乐会上指挥波士顿交响乐团的第一人。

失望与犹疑

伯恩斯坦蒸蒸日上的事业并没有影响他在美国国内探索其他的可能性，也没有妨碍他继续丰富自己的私生活。库赛维斯基一如既往地给予伯恩斯坦慷慨的帮助，给他提供了不少绝佳的机会，比如1946年夏天在坦格尔伍德指挥本杰明·布里滕（Benjamin Britten）的歌剧《彼得·格赖姆斯》（Peter Grimes）在美国的首演，还有让自己的这位得意门生出现在波士顿、纽约的卡耐基音乐厅、坦格尔伍德以及电视转播的音乐会的表演现场，登上波士顿交响乐团面前的指挥台。这位波士顿的音乐大师希望伯恩斯坦能够接过自己音乐总监的衣钵，不过现在回看的话，这个保守的音乐机构绝不可能把总监一职交给当地一个不满30岁的犹太小子，更何况他还写过百老汇音乐剧、演奏过布吉乌吉，还鼓动了大众媒体。此外，关于他的同性恋传闻肯定也对这样的任职起到反作用。1948年4月，波士顿交响乐团提名查理·明希（Charles Munch）为库赛维斯基的接班人。

伯恩斯坦在私生活中最重要的进展当属在1946年2月遇到费利西娅·蒙泰亚莱格雷·科恩（Felicia Montealegre Cohn），也就是他将在1951年迎娶的女子。她是一名演员，工作兼顾舞台和电视剧。她出生在智利的一个殷实之家，父亲是一名犹太裔美国采矿工程师，母亲是智利人。她来纽约是为了学习钢琴，不过转而对表演更感兴趣。有足够多的证据表明，伯恩斯坦在遇到费利西娅后依然和其他的男男女女交往，不过到1946年秋天的时候，他们二人会定期约会。[1]12月，伯恩斯坦前往好莱坞，为一个电影机会做调研（后来无疾而终），而费利西娅与他同行，看有什么表演的机会。伯恩斯坦在写给海伦·科茨的信中提及，他们二人在朝着订婚的方向发展，而库赛维斯基也敦促伯恩斯坦赶紧和费利西娅结婚，别再耽搁[2]，这样的话就可以平息那些对于伯恩斯坦性取向的质疑。1946年年底，他们宣布了订婚的消息，但是伯恩斯坦对于婚姻仍然举棋不定，而他们的第一次婚约也在1947年年末告吹。[3] 他们最终在1951年结婚，这时候伯恩斯坦对她的兴趣变得更加强烈，而且库赛维斯基刚刚去世——这成为我们这位年轻的音乐家一生中的一个重要分水岭。

主要作品和次要作品

客座指挥/钢琴家身份带来的是紧锣密鼓的旅行安排，

---

[1] 比如可参见西梅奥内编著的《伦纳德·伯恩斯坦书信》，第228页。据伯恩斯坦的分析师朋友马尔凯塔·莫里斯在1947年7月23日的信中描述，这位音乐家在遇到费利西娅的当天显然依旧需要男性的陪伴。
[2] 西梅奥内，《伦纳德·伯恩斯坦书信》，第214页。
[3] 伯顿，《伦纳德·伯恩斯坦》，第167页，第171页。

这放慢了伯恩斯坦的创作活动，不过好在没有全然停下来。伯恩斯坦一生都在演出的夹缝中寻找一个可以静下心来孕育自己音乐的地方，这也是他面临的最大挑战之一。那些被伯恩斯坦的音乐所吸引的人，应该庆幸他能写出这么多东西。

从第二次世界大战结束到他1951年结婚这段时间，他的第一项重要工作是芭蕾舞剧《摹写》（1946），这也是他与杰罗姆·罗宾斯的再度合作。由于二人都从事分析、阐释工作，在构思这部作品的过程中，他们的想象力自然而然地朝着心理学的方向倾斜。1946年8月，伯恩斯坦刚刚担任完《彼得·格赖姆斯》美国首演的指挥，罗宾斯就去了坦格尔伍德；他们创作的剧情围绕三个孤独的人物展开（二男一女），他们都渴望建立私人联系，但能做到的只是感情的"摹写"。伯恩斯坦在8月份创作了19分钟的配乐，而后用钢琴进行录音，让舞者开始工作。10月24日，芭蕾剧院舞团对于《摹写》的首秀并不成功。主要问题有可能在于它不像《自由幻想》那么风趣幽默。《纽约时报》的舞蹈评论家约翰·马丁（John Martin）勉强给予了赞许："作品一点儿也不讨喜，不过尽管如此还是值得尊重，使创作者（罗宾斯）的艺术成就水平提升了好几格。"马丁称其音乐"戏剧性十足，巧妙地利用了乐器的色彩冲突，切分音有时会像罗宾斯先生那些复杂的托举一样晦涩，但瑕不掩瑜，其中有一些美妙的音乐段落。"[1] 无论是舞蹈还是音乐都没能进入永久曲目之列。

伯恩斯坦为音乐会准备了《摹写：一次编舞艺术的尝试》(Facsimile: A Choreographic Essay)。不过，当他打算在他一系列音乐会上指挥波士顿交响乐团演奏此曲时，遭到了库赛维斯基的反对。12月23日，他的这位导师给他写了一封义正词严的信，毫不掩饰自己对于伯恩斯坦的作品的想法："我能问一下，你认为自己的作品配得上波士顿交响乐团和波士顿的机构？它能和贝多芬、舒伯特、勃拉姆斯、斯特拉文斯基、普罗科菲耶夫、巴托克或者科普兰的作品平起平坐吗？"他同时指出，只有乐团的"固定指挥"才能编排"次一等的作品"[2]。虽然《摹写》可能永远也不能成为知名作品，但它再次表明伯恩斯坦能够写出动人的音乐，并在此基础上展开音乐进程。它由四个部分构成，以双簧管和笛子的曲目开篇，随后有条不紊地进一步延展，在不少地方都展现了伯恩斯坦标志性的抒情性和对于节奏的兴趣。和《自由幻想》一样，他用钢琴作为独奏乐器，但这次没有那么多的爵士和蓝调风格。《摹写》的灵感似乎主要来自科普兰。

这一时期还出现了为不同的演奏势力而作的几组短曲。

---

[1] 马丁，"芭蕾舞剧《摹写》在此首演：罗宾斯的新作，由芭蕾剧院舞团演绎，见证了创作者往严肃方向的转变"，《纽约时报》，1946年10月25日，第36页。
[2] 西梅奥内，《伦纳德·伯恩斯坦书信》，第215页。

他为人声创作的是组曲《四道菜谱》(*La Bonne cuisine*, 1947）以及基于诗人赖内·马利亚·里尔克（Rainer Maria Rilke）的文本的《两首情歌》(*Two Love Songs*, 1949）。前者是四首伯恩斯坦为自己翻译的旧式法国菜谱的配乐，展现出了伯恩斯坦应对轻快文本的自如。该组曲很短，其中的歌从稍快到急板都有。伯恩斯坦将《四道菜谱》和《两首情歌》都献给了次女高音歌唱家珍妮·图雷尔，后者将基于里克尔的这两首歌分开，在1949年和1963年进行了各自的首唱。第一首《熄灭我的眼睛》（Extinguish My Eyes）以令人喘不过气的方式向前跃进，对应的是一对恋人分别时的不顾一切。《当我的灵魂触碰到你的》（When My Soul Touches Yours）则要慢一些，带有沉思性，但伴奏富有生气。

《四个纪念日》（1948）和《五个纪念日》（1949—1951）是伯恩斯坦出版的第二、三个钢琴微型曲集，每一曲都是向某个朋友或同事的致敬。1948年的这一组中的乐章有的献给费利西娅·蒙泰亚莱格雷，有的献给约翰尼·梅赫根（Johnny Mehegan）（1947年伯恩斯坦在坦格尔伍德爱上的一位爵士乐钢琴师[1]），有的献给大卫·戴蒙德（一个朋友，同为作曲家），还有的献给他的秘书海伦·科茨。而另一组除了向作曲家/指挥卢卡斯·福斯致敬外，还有一

---

[1] 伯顿，《伦纳德·伯恩斯坦》，第167页。

些是献给朋友的孩子。《黄铜音乐》(*Brass Music*, 1948)有五个乐章, 是为不同的黄铜乐器的独奏而作(小号、圆号、长号、大号), 还包括一个为黄铜四重奏而作的终章。每一乐章都是以一位友人的宠物命名。这些曲子风格各异,诙谐睿智, 有一些后来经常得到演奏。

1949年, 爵士乐单簧管演奏者伍迪·赫尔曼(Woody Herman)请伯恩斯坦为其乐队"第二群"写一首歌, 不过没等《序言、赋格曲和重复乐段》(*Prelude, Fugue and Riffs*)完成, 该合奏团就解散了。伯恩斯坦试图将它用在《美妙小镇》(*Wonderful Town*, 1953)的芭蕾舞中, 但这部分最后被剪掉。1955年10月16日, 他在《综合节目》(*Omnibus*)的"爵士世界"(The World of Jazz)这期节目中首演了这首曲子。尽管该作品基于爵士曲风, 但其中即兴发挥的地方很有限, 一直到接近结尾的地方才有一些随意的重复。"序言"是一个活泼、蓝调风格的乐章, 由小号和长号演奏, 而欢快的"赋格曲"由五个萨克斯演奏。"重复乐段"是单簧管独奏, 由乐队进行伴奏, 其中含有这首曲子最具代表性的爵士之声。伯恩斯坦将这首曲子献给了爵士乐单簧管演奏者本尼·古德曼(Benny Goodman), 并和他一起对其进行了录音。

在伯恩斯坦经久不衰的创作遗产中, 这一时期贡献的唯一一部重要作品是《第二交响曲(焦虑年代)》(The Age of Anxiety, 1949)。库赛维斯基对《摹写》的看法没有影响他所在的机构委托伯恩斯坦创作这支交响曲。为寻求灵感，伯恩斯坦转向英国诗人 W. H. 奥登（W. H. Auden）的《焦虑年代：一首巴洛克牧歌》(*The Age of Anxiety: A Baroque Eclogue*, 1947)——这是一首探索当代西方文化的长诗。尽管对这首诗的评论褒贬不一，它还是获得了1948年的普利策诗歌奖。用这首诗来作为创作源泉的这一想法似乎来自理查德·亚当斯·"细枝"·罗姆尼（Richard Adams 'Twig' Romney）——伯恩斯坦的这位朋友在1947年7月25日写给他的信中提到，可以用奥登的作品为底本创作"一首音乐诗"[1]。得知伯恩斯坦觉得不妨用它来制作一部不错的芭蕾舞剧，罗姆尼在四天之后的信中敦促我们的作曲家将这个作品留在"音乐厅中"，因为在这里他才能"不让它流为过于明显的标题音乐"[2]，日后再考虑是不是要将它变成芭蕾舞剧。[3] 罗姆尼的确有先见之明：杰罗姆·罗宾斯在1950年根据伯恩斯坦的曲子进行了编舞。

伯恩斯坦的不少作品都存在体裁识别方面的难题，这第二支交响曲正是如此。"焦虑年代"中钢琴独奏占很大比重，这让这支曲子听起来很像协奏曲，但是钢琴协奏曲又很少会带有叙事体系。正因如此，伯恩斯坦称这支曲子为交响曲。他经常对来自不同体裁的元素予以混合，这有时

---

[1] 西梅奥内，《伦纳德·伯恩斯坦书信》，第231页。
[2] 标题音乐（program music），指的是来源于非音乐元素的音乐，其主题可来自电影、诗歌、绘画、雕塑、自然、技术等。——译者注
[3] 西梅奥内，《伦纳德·伯恩斯坦书信》，第232页。

也会让乐评家和观众感到困惑。

奥登的诗里有四个人物——匡特、马林、埃博和罗塞塔——他们在纽约市的一家酒吧相遇。作者的思考体现在酒吧、出租车和罗塞塔的公寓里发生的对话之中。一些评论家试图尽可能弱化交响曲与原诗之间的关系，其中包括传记家汉弗莱·伯顿——他之所以会对此提出质疑，是因为伯恩斯坦在该作品中使用了一些为早期项目所写的音乐。[1] 艾伦·肖恩展示了伯恩斯坦如何在交响曲中忠实地跟随着奥登的结构，因而可能更接近真相。两部作品都分成两大块，每一块由三个更小的部分构成："序言-七个年代-七个阶段"；"哀歌-假面剧-尾声"[2]。乐器音乐无法让伯恩斯坦直接描述他对奥登诗歌的回应或其戏剧性进程，但是我们的作曲家似乎志在用不那么具体的19世纪标题音乐的精神向这个文学作品致敬。

"序言"是一支孤独的单簧管二重奏，是伯恩斯坦在过去使用过的音乐——分别是1941年在《鸟》中和1944年为库赛维斯基庆祝生日的时候。这个简短的部分以降低笛子的音阶结束，引出了一段基于相近的曲目、富有自省意味的钢琴曲，从而开启了伯恩斯坦为表征"七个年代"和"七个阶段"而作的十四支变奏曲。每一支变奏曲都建构于先前听到的曲目之上，虽然每一部分都迥然不同，但听者

---

[1] 伯顿，《伦纳德·伯恩斯坦》，第190—191页。
[2] 肖恩，《伦纳德·伯恩斯坦：一位美国音乐家》，第95—99页。

能感受到一种连续的进程,就如同奥登诗歌中的那些对话一样。钢琴与管弦乐器之间的互动,还有合奏组内部不同部分之间的互动,令人印象深刻,展示出伯恩斯坦驾驭编曲的才能。"七个阶段"以弦乐器组带来的崭新的旋律开场,激情荡漾,拓展了主题的色彩范围,但之前的曲目依然在为整个变奏曲提供助力。临近交响曲前半部分结束的时候,钢琴和管弦乐器冲向了强有力的高潮。

在"哀歌"中,伯恩斯坦也玩了所有12个半音阶,享受着被肖恩称为"宗教仪式般"的曲目带来的那些潜在的不和谐音,在重新回归早些时候的曲目之前达到了雷鸣般的高潮。[1] "假面剧"以类似爵士乐主旋律的钢琴曲开篇,听起来有点像那时刚刚出现的摇摆或波普,与钢琴在《自由幻想》中扮演爵士乐评论家角色的方式不无相似。"假面剧"这部分收录了《别无泪流》(Ain't Got No Tears Left)(截取于《锦城春色》的一首歌)的主旋律,在情感方面让人联想到奥登笔下那四个豁达的饮酒者享受的那种派对氛围。

伯恩斯坦的"尾声"或许能够说明他最初为什么会被这首诗所吸引。罗塞塔是犹太人,在奥登的"尾声"到来之前,她提及大屠杀,并发出犹太人的祷告:"以色列啊,请听!耶和华我们的神是独一的主。"[2] 对于伯恩斯坦来

---

[1] 肖恩,《伦纳德·伯恩斯坦:一位美国音乐家》,第96页。
[2] 转引自肖恩,《伦纳德·伯恩斯坦:一位美国音乐家》,第93页。

说，这或许正是这首诗中的一个动人之处。在"尾声"中，他重新召回了在之前的交响曲"耶利米"中用过的一种主旋律（从降 A 到降 E 和降 D，再重回同样的降 A）——杰克·戈特利布发现这样的旋律出现在伯恩斯坦的大量作品中，认为它代表的是对"耶和华"的宣言。[1] 在这支交响曲最初的版本中，结尾部分几乎没怎么听到钢琴声，不过伯恩斯坦在 1965 年对结尾作了大幅修改，增加了钢琴的参与度。伯恩斯坦于 1949 年 4 月 8 日对这支交响曲进行了首演——他自己进行钢琴独奏，由库赛维斯基指挥波士顿交响乐团演奏。虽然对于这支曲子的乐评褒贬不一，但《第二交响曲》（即"焦虑年代"）一直位于伯恩斯坦那些相对更令人信服的重要作品之列。

尽管库赛维斯基希望伯恩斯坦避免在大众剧院工作，但他还是接受了委托，为 J. M. 巴里（J. M. Barrie）的戏剧《彼得·潘》（*Peter Pan*）的一次演出谱写配乐，并于 1949 年 12 月在佛罗里达州度假期间完成了创作。[2] 他还意犹未尽，一时兴起又写了所需要的舞曲和调动情绪的片段，再加上五首歌和两首合唱曲——他还为这些歌作了词。[3] 这些音乐既简单又甜蜜，在伯恩斯坦的作品中难得一见，唤起了人们对于孩童世界的记忆。简单直接的表达在科普

---

[1] 戈特利布，"伦纳德·伯恩斯坦音乐中的信仰符号"，《音乐季刊》（*Musical Quarterly*），lxvi/2（1980），第 287—292 页。
[2] 伯顿，《伦纳德·伯恩斯坦》，第 195 页。
[3] 同上，第 195 页。

兰的音乐中司空见惯，比方说他在《我们的小镇》的电影配乐中使用的那种简朴的全音阶。虽然这可能没有直接影响伯恩斯坦，但他一定知道科普兰音乐的这个方面。当《彼得·潘》在1950年4月24日开演时，伯恩斯坦正在欧洲；他的朋友马克·布利茨坦在彩排中根据需要对配乐进行了修改，其过程比伯恩斯坦预想的要更难一些——布利茨坦在4月16日的信中进行了梳理。[1]《彼得·潘》中来自伯恩斯坦的音乐在几十年间都鲜为人知，不过现在已经得到了录制。[2]

客座指挥的一阵旋风

作为第一位美国出生、美国求学、但事业走向国际的管弦乐指挥，伯恩斯坦与他并不了解的乐团之间合作得日臻熟稔，将自己的理解和激情带到选择的曲目当中。他继续一边和管弦乐队一起演奏钢琴协奏曲，一边进行指挥。当然了，评论界对他工作的回应莫衷一是——一些乐评人一直无法受到他那种活力十足、情绪充沛的指挥风格的感

---

[1] 西梅奥内，《伦纳德·伯恩斯坦书信》，第268—270页。
[2] 伦纳德·伯恩斯坦，《来自J. M. 巴里的戏剧〈彼得·潘〉》，琳达·埃德/丹尼尔·纳尔杜奇/琥珀房间管弦乐团（Linda Eder/Daniel Narducci/Amber Chamber Orchestra），亚历山大·弗雷（Alexander Frey）指挥（科克世界经典7596，2005），CD。由配乐而来的知名歌曲包括《建我的房子》《永无之地》和《与我同梦》。

染——但这不影响伯恩斯坦经常会受邀重新回到合奏乐团之中,最大限度地进行这方面的工作。尽管他经常在写给朋友的信中或是在接受采访时表示希望暂停自己的指挥事业,这样的话就能进行更多的创作,但是几乎从来没有做到这一点。这里将列举一些主要的巡演及具有特殊意义的音乐会,以此来走近他的客座指挥事业。

第一次巴勒斯坦之行大获成功之后,伯恩斯坦计划于1948年2月,也就是又一次欧洲指挥季开始之前重返那里。不过他后来因为身体原因取消了这次行程。尽管他没有对外公布自己的具体病情,但据伯顿推断,他当时是第一次遭受肺气肿发作之苦。[1] 无论是出于什么原因,伯恩斯坦难得地在1948年的头两个月的大部分时间里进行了休整。3月份,他和巴勒斯坦交响乐团赴美访问的一名官员就艺术总监一职进行磋商;得知自己无法成为库赛维斯基在波士顿交响乐团的接班人,伯恩斯坦在那个春天接受了这个职位。[2] 当年晚些时候,大概是因为伯恩斯坦没有答应在整个演出季都待在那里,巴勒斯坦交响乐团坚持要把这一头衔改为"音乐顾问"[3]。不过,他在1948年秋天为该乐团所做的工作只能用无与伦比来形容——当时以色列刚刚宣布自己成为独立国家,其独立战争正进行得如火如荼。

---

[1] 伯顿,《伦纳德·伯恩斯坦》,第172页。
[2] 阿伊罗普洛斯,"指挥文化",第111—112页。
[3] 同上,第122页。

1948年9月25日，伯恩斯坦抵达以色列，在这里待了两个多月的时间。在此之前，伯恩斯坦在慕尼黑成功举办音乐会（二战才刚刚结束，这对于一名犹太裔美国指挥家而言实不寻常），为达豪集中营中幸存下来的犹太人带来了富有感染力的音乐，在米兰、布达佩斯、维也纳和巴黎工作，并于7月和8月在坦格尔伍德完成了又一季的演出。他在以色列的多个城市举行了音乐会，并且在大多数地方都不止一场；他一共指挥了38场演出，在其中32场担任钢琴独奏。[1] 有一些演出离前线很近，比方说10月21日在罗霍沃特的这一场就两次被空袭警报打断。[2] 他的节目编排混合了传统和现代曲目，范围从莫扎特和贝多芬到舒曼、勃拉姆斯、马勒、格什温、拉威尔、鲍尔托克、科普兰、他自己的《自由幻想》及其他的作曲家。11月20日，伯恩斯坦在贝尔谢巴和来自乐团的三十五名志愿者坐着巴士开赴音乐会，声援无视联合国的法令坚守在此地的战士——这成为他职业生涯中最令人铭记的时刻之一。他们在户外的一个考古灰坑进行了演出，伯恩斯坦整场都在钢琴边进行指挥：贝多芬的《第一协奏曲》、莫扎特的《第十五协奏曲》和格什温的《蓝色狂想曲》。这样的轻狂无畏让伯恩斯坦成了民族英雄。[3] 此行的最后一个节目单于11月末在特

---

1 阿伊罗普洛斯，"指挥文化"，第139页。
2 同上，第123页，第126—127页。
3 同上，第133—135页。

拉维夫、耶路撒冷和海法演出了六次，其中包括巴赫的《勃兰登堡第三协奏曲》（Brandenburg Concerto no. 3）和马勒（Mahler）的《第二交响曲（复活）》[Symphony no. 2 (Resurrection)]——伯恩斯坦大胆地将后者与以色列的"重生"联系在一起。[1] 这是一首宏大的作品，在当时还没有现在这样的名气，并且，由于需要大型合唱班，对乐团在物流方面提出了挑战；与此同时，在一个对马勒皈依天主教的行为感到侧目的国家，这无疑也是一大挑战。然而，六场音乐会的门票全都销售一空。这个现在叫作以色列爱乐乐团的合奏团再次向伯恩斯坦抛出了总监职位的橄榄枝，并且提出了优厚的条件，不过他没有给出明确的答复，随后去了罗马进行自己在那里的指挥首秀。[2] 伯恩斯坦最终于1948年12月31日发电报拒绝了这一职位，但同时表示自己将在1950年重返以色列。后来，该乐团并未征求伯恩斯坦的意见就任命法国指挥保罗·帕雷（Paul Paray）为1949—1950演出季的艺术总监。这样的决定虽然触怒了他，但他又实在不愿意把自己捆绑住。[3]

1949年春天，米高梅电影公司计划将《锦城春色》拍成电影，由斯坦利·多宁（Stanley Donen）和吉恩·凯利（Gene Kelly）担任导演，参演的还有弗兰克·辛纳特拉

---

[1] 阿伊罗普洛斯，"指挥文化"，第136页。
[2] 同上，第140—141页。
[3] 同上，第141—146页。

(Frank Sinatra)、安·米勒（Ann Miller）和其他一些明星。米高梅不想都用伯恩斯坦的音乐，因为一方面其中缺少家喻户晓的曲子，另一方面伯恩斯坦对其拥有的版权将限制他们盈利。他们为他支付了5000美元的咨询费，从而获得改编配乐的许可；他的歌曲大部分都被砍掉了，取而代之的是由作曲家罗杰·埃登斯（Roger Edens）根据科姆登和格林的词写的新歌。[1] 伯恩斯坦和吉恩·凯利（Gene Kelly）一起参与了第二幕芭蕾舞的工作。这是一部成功的电影，不过在伯恩斯坦的遗产中只能算是边边角角。

1949年夏天，伯恩斯坦和费城管弦乐团在其夏日之家——罗宾汉戴尔音乐厅完成了三场音乐会。在其中一场演出中，他首先和著名的瓦格纳歌唱家劳里茨·梅尔基奥尔（Lauritz Melchior）和海伦·特劳贝尔（Helen Traubel）联袂演绎了瓦格纳的《特里斯坦与伊索尔德》（*Tristan and Isolde*）的音乐会版本。瓦格纳是著名的反犹主义者，这让伯恩斯坦一度有所犹疑，但他又实在喜欢这部音乐剧，于是后来对其进行了演奏和录音。7月至8月，伯恩斯坦再次成为库赛维斯基在坦ား尔伍德的助手；他们再次演奏了"焦虑年代"，并由作曲家本人担任钢琴独奏。

在1949—1950演出季中，伯恩斯坦和许多重要的美国管弦乐团联袂登台，还在2月份指挥纽约爱乐乐团演奏了

---

[1] 伯顿，《伦纳德·伯恩斯坦》，第193页。

"焦虑年代"——坐在钢琴前的是卢卡斯·福斯；此外，杰罗姆·罗宾斯基于这支交响曲的芭蕾舞剧也于那一周在纽约首演。11月，伯恩斯坦指挥波士顿交响乐团完成了奥利维尔·梅西昂（Olivier Messiaen）的《图伦加利拉交响曲》（*Turangalila Symphony*）的全球首演——这个项目展示了他应对挑战性十足的乐谱的非凡本领。这个作品长达十个乐章，又难得要命，因而要对其进行全球首演需要首先教会管弦乐团，还得在没有前人模板的情况下对其进行阐释。在领衔波士顿的首演之后，伯恩斯坦携波士顿交响乐团将这首曲子带到了卡耐基音乐厅。奥林·唐斯对我们这位指挥的工作称赞有加："伯恩斯坦先生将一个难度十足的曲谱处理得恰到好处、技惊四座，对他的成就什么样的认可都不为过，都实至名归。"[1] 1950年1月，伯恩斯坦与哥伦比亚唱片公司签订了其首个录音合约，这成为他事业上的又一项重要进展——在之后的二十年，他都与这家公司保持着合作。

到了春天，伯恩斯坦在意大利待了三周，之后前往以色列。5月和6月间，他在这里十次演奏"焦虑年代"，都是在钢琴旁进行指挥的——这是一个十足大胆的举动。他在意大利都灵就是这样做的，因为原定的那名指挥能力不足，后来决定在以色列也按照这样的方式来演奏这个作

---

[1] 唐斯，"伯恩斯坦指挥梅西昂的作品"，《纽约时报》，1949年12月11日，第87页。

品——这些可以在他1959年4月26日写给妹妹雪莉的信中看到。[1] 他在以色列的行程包括五个地方的音乐会，每个地方通常都会演出好几次；与他合作的独奏者包括小提琴家亚莎·海菲兹（Jascha Heifetz）和钢琴家阿列克西斯·魏森伯格（Alexis Weissenberg）。伯恩斯坦的节目编排范围宽广，大量的美国作品引人关注，其中有一场音乐会包括罗伊·哈里斯（Roy Harris）的《第三交响曲》（Symphony no. 3）、卡洛斯·查韦斯（Carlos Chávez）的《印第安交响曲》（*Sinfonía india*）、选自《罗德奥》（*Rodeo*）的科普兰的"四个舞蹈片段"以及格什温的《蓝色狂想曲》——由伯恩斯坦在钢琴旁进行指挥。[2] 最后一个节目单最能体现他的雄心壮志，其中包括马勒的《大地之歌》（*Das Lied von der Erde*）。

这样旋风般的活动仍然在伯恩斯坦身上延续，整个1950年夏天都是如此。在妹妹雪莉和弟弟伯顿的陪伴下，伯恩斯坦于7月的前两周来到荷兰进行指挥，而后在8月末携法国国家管弦乐团出现在爱丁堡音乐节上，之后又回到荷兰继续指挥。8月30日，他首次演绎了贝多芬的《第九交响曲》，被指挥的是荷兰海牙爱乐乐团——他在给父母的信中称其为"一场胜仗"[3]！11月，他和斯卡拉大剧院的管弦乐团首度

---

1 西梅奥内,《伦纳德·伯恩斯坦书信》, 第271页。
2 阿伊罗普洛斯, "指挥文化", 第153页。
3 西梅奥内,《伦纳德·伯恩斯坦书信》, 第283页。

在音乐会上合作，演奏的曲目包括马勒的《第二交响曲》和斯特拉文斯基的《春之祭》（*The Rite of Spring*）。

此后不久，他继续与以色列爱乐乐团进行合作。1950年12月，他回到这里举办了两场音乐会，而后同该乐团一起赴美——他们和伯恩斯坦和库赛维斯基一起在美国进行了为期三个月、横跨东西海岸的巡演。伯恩斯坦有时会在导师身体不适的时候代替他；在三个月内，他总共在28场音乐会上指挥合奏，而后作别了巡演，转赴其他一些乐团的演出，比方说2月份和纽约爱乐乐团一起带来了查尔斯·艾夫斯（Charles Ives）的《第二交响曲》的全球首演——此时距这首难度十足的曲子问世已将近五十年了。

以色列之行完结之后，伯恩斯坦前往墨西哥城，在那里和卡洛斯·查韦斯的国家交响乐团合作了一个星期，也就此结束了值得铭刻的一年——这一年他指挥了近百场音乐会，和十二个不同的乐团进行了合作。[1] 他去了库埃纳瓦卡，在离朋友玛莎·盖尔霍恩（Martha Gellhorn）家不远的地方找了一座房子——后者是一位作家，曾和欧内斯特·海明威（Ernest Hemingway）有过一段婚姻。伯恩斯坦在那儿待了几个星期，一边放松，一边创作自己的歌剧《塔希提的麻烦》（*Trouble in Tahiti*）。

---

1 伯顿，《伦纳德·伯恩斯坦》，第206页。

生活的改变

1951年春天，在纽约指挥完以色列爱乐乐团巡演的最后三场音乐后，伯恩斯坦在库赛维斯基位于凤凰城的过冬住所驻足。他发现这位年迈的大师身体堪忧。7月伊始，当库赛维斯基的夫人奥尔加打电话告诉他这位垂暮之年的俄罗斯指挥病情恶化，他立即从墨西哥起身奔赴波士顿。伯恩斯坦到得很及时，在6月3日晚上和自己的导师共度了几个小时，而后者次日就离世了。伯恩斯坦在莱诺克斯料理了丧葬事宜——这个地方就在库赛维斯基钟爱的坦格尔伍德边上。

费利西娅·蒙泰亚莱格雷·科恩重新进入伯恩斯坦的生活与库赛维斯基的离世密切相关。在1947年和伯恩斯坦解除婚约之后，她很快走出了低谷，成了电视戏剧领域冉冉升起的新星、未来的当家花旦人选，并且在纽约的舞台上演出。她和演员迪克·哈特（Dick Hart）生活在一起，后者当时已经娶妻生子，并且严重酗酒。从伯恩斯坦写给妹妹雪莉的信中可以看出，他当时正在认真思考和费利西娅复合的问题；1950年春天，他让依然和费利西娅保持朋友关系的雪莉找她谈谈。[1] 1951年1月，哈特死于心脏病，于是雪莉敦促哥哥去安慰费利西娅。这是一条错综复杂、

---

[1] 西梅奥内，《伯恩斯坦书信》，第271—272页。

充满变数的道路：伯恩斯坦一个人去墨西哥待了好几周，费利西娅独自去欧洲旅行，其间给伯恩斯坦写了温情脉脉的书信；但最终她重新找回了对他的爱，而他决定试一试结婚生子——这也是作为犹太人的伯恩斯坦具有的强烈冲动。[1] 在坦格尔伍德——伯恩斯坦在库赛维斯基死后接管了指挥系——费利西娅最终让他许下了承诺。费利西娅皈依了犹太教（她本来被培养为一名罗马天主教徒，不过她的父亲是犹太人），而后他们于1951年9月9日在会幕祈祷神庙完婚。这对新婚燕尔踏上了五周的自驾之旅，一路开到了旧金山，之后又去了库埃纳瓦卡。

正如西梅奥内注意到的那样，伯恩斯坦显然是把自己的婚姻当成一次试验性的安排。[2] 他在9月18日给弟弟伯顿的信中写道，他们在底特律与他的朋友菲利普·马库斯（Philip Marcuse）和芭芭拉·马库斯（Barbara Marcuse）相处期间，他和费利西娅遇到了"重大危机"，不过马库斯夫妇后来当了和事佬。[3] 三周之后，伯恩斯坦给马库斯夫妇写信，提到他和费利西娅之间的矛盾仍然存在，不过夫妻二人也有风平浪静的时候。他宣称他们必须观察一下在"一个建立在不安全之上的婚姻"中事态将如何发展。[4] 伯恩斯坦的创作继续围绕他的歌剧项目《塔希提的麻烦》展

---

1 伯顿，《伦纳德·伯恩斯坦》，第 200—210 页。
2 西梅奥内，《伦纳德·伯恩斯坦书信》，第 266 页。
3 同上，第 290 页。
4 同上，第 291 页。

开,这也与他的现实生活构成了微妙的并置,因为这部剧讲的是一段遇到麻烦的婚姻。在库埃纳瓦卡期间,伯恩斯坦的友人玛莎·盖尔霍恩(Martha Gellhorn)和他们一起度过了不少时光,后来还感觉自己有点像他们的保姆一样。[1] 这对夫妇在墨西哥一直待到了1952年2月——费利西娅收到了一个她不想拒绝的表演邀约,而伯恩斯坦则要在2月和3月份填补波士顿交响乐团指挥查理·明希因病留下的空缺。

从费利西娅在婚后不久的某天写给丈夫的一封信中,或许能窥探到他们将以怎样的方式前行。这封信写于他刚刚出门一周之际,表达了她对于同性恋的开明思想。[2] 她承认他们的婚姻可能无法持久,因为"你是一个同性恋,这一点可能永远没法改变——你不把双重生活当作一种可能,但假若你的一部分心智、你的健康、你整个的神经系统都依赖于某种特定的性模式,你又能做什么呢"?她发誓会爱他,并且愿意接受他本来的样子,而"不用作殉道者",并且表示"就让我们试着看看如果你喜欢做什么就做什么会怎么样,但千万不要有负罪感,也不要忏悔,求你了"!她想努力维系这段婚姻,"如果不能建立在激情之上,那么就建立在柔情和互相尊重之上"。伯恩斯坦获准继续与男性进行交往,而费利西娅希望他不要让自己知晓。让他

---

[1] 伯顿,《伦纳德·伯恩斯坦》,第214页。
[2] 西梅奥内,《伦纳德·伯恩斯坦书信》,第293—294页。

们的感情变得更加稳固的可能是他们的子嗣。1951 年 12 月，在他们离开墨西哥的时候，她已经怀上了杰米（Jamie）；在接近他们结婚周年纪念日的时候，她生下了这个孩子。之后，亚历山大（Alexander）于 1955 年坠地，妮娜（Nina）在 1962 年到来。伯恩斯坦对这些孩子欣喜若狂，在接下来的几年里给费利西娅写了许多表达爱意的信件。这段婚姻可能并不容易，但费利西娅是伯恩斯坦一生中唯一（如果不算音乐的话）既轰轰烈烈又地老天荒的爱人。

4 "我显然必须要为长大后成为什么样的人作出决定"：向作曲靠拢，1952—1957

在结婚之后、被任命为纽约爱乐乐团音乐总监之前的这段时间，伯恩斯坦以作曲家的身份集中工作，完成的作品包括三部百老汇音乐剧的配乐、一部歌剧和一部小提琴协奏曲。[1] 尽管在创作活动上投入颇多，伯恩斯坦依然挤出时间来进行客座指挥，还开启了自己的电视生涯以及在布兰迪斯大学的教学生涯——这还没算他和费利西娅以及他们的头两个孩子在纽约市的家庭生活。当然，其中一些指挥和电视工作在一定程度上是为了赚钱——伯恩斯坦和费利西娅生活奢华——但是要他就这么停止其他活动来一心创作，显然也不现实。百老汇的工作是合作性的，因此，对于这样一个活跃、外向之人来说，可能要比自己创作需要投入更多的精力。在他这

---

[1] 本章标题中的引文出自奈杰尔·西梅奥内（Nigel Simeone）编著的《伦纳德·伯恩斯坦书信》（*The Leonard Bernstein Letters*）（康涅狄格州纽黑文，2013），第337页。

一时期的戏剧作品中，有一些算得上是他整个创作生涯里最好的音乐。正如艾伦·肖恩所言，这是伯恩斯坦的创作想法最为汩汩流淌的一个时期。[1]

两届艺术节与《塔希提的麻烦》

伯恩斯坦的导师库赛维斯基曾在位于马萨诸塞州沃尔瑟姆的布兰迪斯大学的成型时期担任音乐事务顾问，可能正是其导师与这所学校的联系促使伯恩斯坦在1952年接受了该校的访问教授一职。对于一名在全球各地奔波的客座指挥兼作曲家来说，这并不是一个多么方便的职位，不过伯恩斯坦还是在自己不用外出的时候投入到那里的各种项目之中。他负责的首个项目是担任1952年6月的一个创新艺术节的导演，并且志在成功。伯恩斯坦承诺在此次艺术节前完成自己的歌剧《塔希提的麻烦》，届时进行首演，此外还制定了紧锣密鼓的日程，以多种多样的小组形式进行演出和服务。

2月份，从墨西哥一回来，伯恩斯坦就去波士顿进行了三周的指挥，之后在雅斗这个位于纽约萨拉托加外围的艺术家社区安顿下来，在这里用五周时间完成了《塔希提

---

[1] 肖恩，《伦纳德·伯恩斯坦：一位美国音乐家》，第137页。

4 "我显然必须要为长大后成为什么样的人作出决定":向作曲靠拢,1952—1957

的麻烦》的创作和编曲。布兰迪斯的音乐节从 6 月 12 日开到 15 日。[1] 第一天晚上是一个关于美国艺术状况的论坛,开了很长的时间,接下来是这部歌剧的首演,一直到 11 点左右才开始,面向的是近三千名户外观众。次日中午的活动包括关于迪克西兰爵士乐(Dixieland jazz)和博普(bop)的讨论,参与的表演者包括迈尔斯·戴维斯(Miles Davis)、李·科尼茨(Lee Konitz)和曼克斯·罗奇(Max Roach)。其他的活动包括:由布利茨坦全新翻译的《三便士歌剧》(*The Threepenny Opera*)的首演——由翻译家解说、伯恩斯坦指挥、魏尔的遗孀洛特·莱尼亚(Lotte Lenya)再次扮演原来的珍妮一角〔即她在 G. W. 帕布斯特的(G. W. Pabst)德语电影版本中的角色〕;舞者梅尔塞·坎宁安(Merce Cunningham)伴着皮埃尔·舍费尔(Pierre Schaeffer)和皮埃尔·亨利(Pierre Henry)的一曲具象音乐(musique concrète)表演,并且为斯特拉文斯基的《婚礼》(*Les Noces*)编舞;伯恩斯坦指挥波士顿交响乐团的弦乐器组和其他一些乐器演奏了包括威廉·舒曼、欧文·法恩(Irving Fine)、本·韦伯(Ben Weber)、本杰明·布里滕和阿隆·科普兰在内的音乐曲目。这些是诗歌朗诵、研讨会、展览和纪录片放映之外的活动。这四天虽然过得劳心劳力,不过主要活动的观众都数以千计。在伯恩斯坦的

---

[1] 关于这次音乐节的详情,可参见伯顿所著的《伦纳德·伯恩斯坦》,第 220—221 页。

助力下，布兰迪斯很快在全国树立起自己的形象。第二次创新艺术节名为"喜剧精神"，于 1953 年 6 月举行，参与者包括漫画家阿尔·卡普（Al Capp）和索尔·斯坦贝克（Saul Steinberg），还有作家 S. J. 佩雷尔曼（S.J. Perelman）。[1] 这次的音乐预算要小一些，只有一场演出——伯恩斯坦指挥了莫顿·古尔德（Morton Gould）的《踢踏舞和管弦乐协奏曲》（Concerto for Tap-dancer and Orchestra），与独唱家丹尼·丹尼尔斯（Danny Daniels）同台；此外还指挥了弗兰西斯·普朗（Francis Poulenc）的歌剧《蒂蕾西亚的乳房》（*Les Mamelles de Tirésias*）。这是伯恩斯坦最后一次参与布兰迪斯艺术节；这一春日盛事如今以"伦纳德·伯恩斯坦创新艺术节"的名称来缅怀他、向他致敬。此后的几年间，伯恩斯坦与布兰迪斯保持着联系，开设过一些令人印象深刻的课程，特别是 1954 年的研讨班：伯恩斯坦在课上分享了自己当时在创作《老实人》（*Candide*）时遇到的问题，让学生们提出自己的解决方案。他带来自己的合作伙伴，比如《老实人》剧本的创作者莉莉安·赫尔曼（Lillian Hellman），让他们帮自己评估学生作品。许多作曲家对未完成的作品都防备有加、害怕外泄，所以，对伯恩斯坦而言，此举大气十足。其中的一个学生是杰克·戈特利布，后来成为他的助手，很多年都与伯恩

---

[1] 参见伯顿所著的《伦纳德·伯恩斯坦》，第 229 页。

4 "我显然必须要为长大后成为什么样的人作出决定"：向作曲靠拢，1952—1957

斯坦的办公室联系在一起。[1]

在首届布兰迪斯艺术节上，《塔希提的麻烦》的反响令人失望。伯恩斯坦很快开始修订工作，他在 1952 年 7 月 21 日给大卫·戴蒙德的信中写道：

> 我的小歌剧在布兰迪斯成了"废柴"，原因主要在于它首演的时候依然处在半生不熟的烘焙状态；不过现在已经差不多修订好了，它有了一个全新的（真正的）结尾；我期待着能在 8 月 10 日的坦格尔伍德带来一场更加合理、更具说服力的演出。[2]

当年夏天，在担任坦格尔伍德指挥学院负责人期间，伯恩斯坦促成了这部修订后的歌剧的两次演出，担任舞台导演的是萨拉·考德威尔（Sarah Caldwell）。据伯顿记录，观众对这部作品欣赏有加，不过一些剧评家依然对之嗤之以鼻。[3] 奥林·唐斯认为这个作品失真，在《纽约时报》上写道："这在情感上浅尝辄止，不真实。它很难产生有趣的音乐。"[4]

不过伯恩斯坦没有放弃这个作品，在 1952 年 11 月 16

---

[1] 参见戈特利布，"《老实人》走进校园"，收录在《和伯恩斯坦一起工作：回忆录》（*Working with Bernstein: A Memoir*）（纽约，2010），第 167—171 页。
[2] 西梅奥内，《伦纳德·伯恩斯坦书信》，第 295 页。
[3] 伯顿，《伦纳德·伯恩斯坦》，第 221 页。
[4] 唐斯，"坦格尔伍德理想：伯克希尔音乐中心的准则遵循库赛维斯基的标准"，《纽约时报》（*New York Times*），1952 年 8 月 17 日，第 x7 页。

1952年，伯恩斯坦在布兰迪斯大学的创新艺术节上指挥《三便士歌剧》；舞台中央张开手臂的是库尔特·魏尔的遗孀洛特·莱尼亚。

日的电视直播中对其指挥演奏，并且让其成为百老汇的一次"三合一"演出的一部分——名为"都在这里"，1955年4月19日开演，共上演47场。这一45分钟的歌剧依然在曲目单上，特别是在大学层面；由于其过于简短，不具备更多的专业可能性。在后来的歌剧《寂静之地》(*A Quiet Place*) 的修订版中，伯恩斯坦重拾了《塔希提的麻烦》中的人物。

《塔希提的麻烦》充分展示了伯恩斯坦的才能；它没有合作者，这在伯恩斯坦的音乐剧作品中并不多见——伯恩斯坦还写了歌词。他从自己父母不幸的婚姻经历中汲取了素材，不过让主题更加与时俱进，写的是生活在战后美国一个"完美"郊区的一对不幸的夫妇。男人叫山姆，即他父亲的名字，而女人叫黛娜，是以伯恩斯坦的奶奶命名的。和芭蕾舞剧《摹写》一样，这些人很难建立起真正的联系，不断地争执而又规避接触。山姆自命不凡，尤其是对自己在打理生意和手球方面的能力。而黛娜缺乏自信，陷入绝望的忧伤。二人都不愿意出席儿子在学校的比赛——山姆去了手球锦标赛，黛娜为了逃避而去看名为《塔希提的麻烦》的电影。山姆回到家后，无法与黛娜展开富有成效的对话，于是转而建议二人一起去看她这天下午看的那部电影。她同意了。伯恩斯坦让黛娜以独唱的形式表达观影之后获得的解脱感，通过她的咏叹调"如此一部电影！"带来一个喜剧性的场景，同时表达出对于通过胶片来逃避现实的辛辣讽刺。虽然爵士乐三重奏戏谑了麦迪逊大街的传统以及人们想象中的那种美妙的郊区生活，但《塔希提的麻烦》是对20世纪50年代早期的美国生活和婚姻的冷峻一瞥。

伯恩斯坦在这里扮演了社会评论家的角色，这一点令人钦佩。这里的三重唱是对华而不实的商业短曲的毁灭性模仿，并且作曲家将美国演说的节奏明显地带入到了一些片段之中，比如山姆和黛娜开场时的争执（第一场）和山姆在办公室的电话聊天（第二场）——后一个场景用三重唱进行突显，让山姆对自己的才能更加确信。伯恩斯坦细腻的抒情感主导了第三场中黛娜在其分析师办公室时的情景以及第四场中山姆和黛娜碰巧遇到彼此后不想在一起吃午饭的情景，特别是在他们一起进行独白时得到体现。山姆在健身房取得胜利后的咆哮（第五场）反讽十足，而另外一些片段也能证明伯恩斯坦有能力以作词家和作曲家的身份同时带来深入人心的人物塑造。主题曲反复出现得恰到好处，比如第七场中，当这对夫妇重新走到一起，第一场中的主旋律再次出现，而伯恩斯坦在全剧中展示了自己为人声创作的天赋。那些觉得这部剧的情节令人费解的，必须考虑到歌剧经常会探索令人不适的行为。伯恩斯坦相信音乐剧具备评说缺陷和冲突的能力，并且在他20世纪50年代所写的音乐剧中同样没有回避这一点。

《美妙小镇》

1952年9月8日，伯恩斯坦与费利西娅的女儿、也是他们的第一个孩子杰米降世，为他这一年激荡繁忙的生活又添上了一笔重彩。成为人父似乎达成了伯恩斯坦一生的夙愿，并且他也确实珍惜这个角色。费利西娅在一定程度上继续着自己的演艺事业，有时候会和丈夫一起旅行。伯顿多次记录到，这对夫妇在20世纪50年代遇到不少现金流问题[1]，不过这样的麻烦随着时间的流逝逐渐消除：伯恩斯坦成了纽约爱乐乐团的指挥，为哥伦比亚公司录制了

---

[1] 比如可以参见伯顿，《伦纳德·伯恩斯坦》，第232页。

更多的唱片，并且开始从《西区故事》中收割到丰厚的版税。

库赛维斯基去世后，伯恩斯坦显然对为百老汇音乐剧配乐持更加开放的态度，并且在1952年秋天迎来了一次良机。在乔治·阿博特和罗伯特·弗赖尔（Robert Fryer）的运作下，电影明星罗莎琳德·拉塞尔（Rosalind Russell）将来到纽约，重新塑造她在《我的妹妹艾琳》（*My Sister Eileen*，1942）中扮演的鲁斯·舍伍德一角——该电影基于鲁斯·麦肯尼（Ruth McKenney）的故事而来。尽管有约瑟夫·菲尔兹（Joseph Fields）和杰罗姆·乔多洛夫（Jerome Chodorov）（即1940年的同名戏剧以及好莱坞电影剧本的作者）操刀为该音乐剧创作剧本，但在配乐方面，阿博特首选的音乐家没能写出什么有益的东西，而他们又亟需尽快进行制作，否则就会失去拉塞尔这个选项。阿博特想到了从前《锦城春色》的合作者，说服贝蒂·科姆登和阿道夫·格林来作词，随后伯恩斯坦同意为之作曲。时间紧迫，他们在11月初到12月中这段时间完成了配乐的创作。

菲尔兹和乔多洛夫想让这个原本发生在20世纪30年代的故事更加与时俱进，但伯恩斯坦的创作源泉正是他对于摇摆爵士乐的热爱。一段因为30年代的乐队领袖艾迪·达钦（Eddy Duchin）而风靡一时的即兴伴奏尤其让他难以忘怀，而他也将这段记忆写进了配乐中：开场曲"克里斯托弗大街"的演奏指令为"非常'达钦'"[1]。伯恩斯坦、科姆登和格林的黄金组合赢得了胜利,将故事保留在了30年代——这是他们与菲尔兹和乔多洛夫多次交锋中的一个回合。阿博特肯定了自己这个歌曲创作团队对演出的想法和工作,使其更具讽刺性,但是也记住了当时的争论:"同我之前参与过的所有剧相比,这部剧关联着更多歇斯底里的论辩、更多的讥讽、更多的矛盾以及更多的尖叫。"[2] 尽管这部剧的分贝处在高位,阿博特还是把自己一贯的职业水准带到了制作之中,使该剧在波士顿和费城的出城试演中展现出了良好的状态。担任编舞的是唐纳德·萨德勒(Donald Saddler),不过杰罗姆·罗宾斯(没有署名)也参与进来,对舞蹈进行了润色。《美妙小镇》在1953年2月25日进行了首演,自此开启了在百老汇的一段不凡之旅,共上演559场,赢得了包括"最佳音乐剧"在内的八项托尼奖。

该剧围绕舍伍德家的两姐妹鲁斯和艾琳展开情节,她们由俄亥俄州哥伦布来到纽约的格林威治村。鲁斯试图在文坛闯出一番名堂,而艾琳想要在演艺行业立足。尽管她们没能取得什么像样的成就,但遇到了不少有趣的人,包括名为贝克的编辑——他爱上了鲁斯。艾琳是两姐妹中更

---

[1] 伦纳德·伯恩斯坦、贝蒂·科姆登和阿道夫·格林(Leonard Bernstein, Betty Comden and Adolph Green),《美妙小镇》(*Wonderful Town*)(纽约,2004),第10页。
[2] 阿博特,《阿博特先生》(*Mister Abbott*)(纽约,1963),第223页。

漂亮的那个，不过她却没能找到真爱。男人们对她极尽逢迎讨好，比方说在"我亲爱的艾琳"这首仿爱尔兰歌曲中一整个警察局都是如此，显得幽默十足，但是正如艾琳自己坦承的那样，她只是"有一点点坠入爱河"——这首民谣恰如其分地抓住了她身上既纯真又乐于挑逗异性的矛盾特质。伊迪丝·亚当斯（Edith Adams）将艾琳演得惟妙惟肖，不过《美妙小镇》是为罗莎琳德·拉塞尔量身打造的。拉塞尔将制造欢乐的时机把握得恰到好处，加上无拘无束的肢体语言和令人难忘的低沉嗓音，着实闪耀全场。伯恩斯坦、科姆登和格林为了照顾她差强人意的歌唱能力，写出了如"一百种容易的方式"这样的歌曲——拉塞尔几乎是一路说过来的。在该剧风头正劲之际，布鲁克斯·阿特金森（Brooks Atkinson）在《纽约时报》上点评拉塞尔，称"她让这个城市变得美妙……"[1]。在拉塞尔离开剧组之后，卡罗尔·钱宁（Carol Channing）代替了她，不过从前的那种魔力有一部分就此消失了。《美妙小镇》在百老汇收场后开启了巡演，由钱宁继续扮演鲁斯。

和《锦城春色》一样，《美妙小镇》的配乐融合了诸多商业符号、各式各样的歌曲、各类民间风格的印记、特别的音乐人物塑造以及真情实感，令人大呼过瘾。开场的"克里斯托弗大街"巧妙地将商业符号融入其中，对格林威

---

[1] 阿特金森，"在剧院"，《纽约时报》，1953年2月26日，第22页。

治村予以了介绍，也展现了这部剧的荒唐感。"俄亥俄州"歌词唯美，旋律有点像乡村歌曲，显得既严肃又讽刺。"一百种容易的方式"中包含商业化的蓝调曲风。而"多么浪费"的开头带有布利茨坦和科普兰的那种古典韵味，但演变成了一首活力十足的百老汇歌曲——这首歌在开篇时带有"俄亥俄州"的印记，是伯恩斯坦将配乐的歌曲系在一起的一个例证。"把橄榄球传过来"指向愚蠢的大学运动员，韵律反常怪诞，是对摇摆和蓝调乐的把玩。"交谈曲"是一个精心打造的音乐场景，捕捉的是一个尴尬的派对，没人知道该说什么；伯恩斯坦用艾迪·亚当斯的花腔主导了该曲的结尾，使其在混乱和嘈杂中迎来爆发。"一个安静的女孩"是一首甜蜜的民谣，这对于伯恩斯坦而言实属罕见，但带着一种讽刺感，因为这是贝克为鲁斯唱的歌，而鲁斯很难和歌名对得上。"康茄！"是一首狂野的舞曲，由鲁斯带来——她在面试想学这种舞蹈的巴西警官学员。伯恩斯坦的音乐富有标志性，而在歌词方面，科姆登和格林对押韵的把握可谓登峰造极。在"摇摆！"一曲中，伯恩斯坦从容地表达了对 20 世纪 30 年代音乐的敬意——尽管挂着"村之漩涡"夜总会标识牌的鲁斯显得没有音乐感，但这首歌成为展现路过的潮人群像的一个制作单元。"这就是爱"是一首为贝克而作的传统民谣，和"有一点点坠入爱河"在母题上联系起来。更早的这首歌包括好几个以艾琳哼着降五度开始的乐句，而贝克唱的多数乐句都以升五度开始。艾琳让他确信，他爱上了鲁斯。"村之漩涡的芭蕾"正是伯恩斯坦在配乐起始处要求的"展现重蓝调"的写照[1]，引出了发生在夜总会的最后一幕：艾琳和鲁斯唱着"音符错了的雷格泰姆曲"——这是一首热闹的曲子，其中多次重复短的主旋律，还频繁使用了令人抓狂的半音。

在这部剧上演之前和上演期间，伯恩斯坦及他的朋友都受到麦卡锡时代影响，与这部成功的音乐喜剧形成讽刺的对照。在1949年4月4日发表于《生活》(*Life*)杂志上的一篇文章以及由右翼期刊《反击》(*Counterattack*)于1950年发行的出版物《红色渠道：共产主义在广播电视中的影响报告》(*Red Channels: The Report of Communist Influence in Radio and Television*)中，科普兰、伯恩斯坦和众多知名的媒体和娱乐人士被列为共产主义者。科普兰不得不于1953年5月底在麦卡锡的参议院委员会面前作证。[2]那年夏天，鉴于伯恩斯坦的政治观点，美国国务院拒绝更新他的护照，这有可能给他的指挥事业带来致命影响。伯恩斯坦雇用了司法部犯罪调查的前负责人吉姆·麦金纳尼（Jim McInerney）帮助自己洗脱罪名。1953年8月3日，伯恩斯坦被迫签署了一份冗长而耻辱的宣誓书，最大可能地撇清自己与众多团体的关系，并宣称自己从来都不是共产

---

[1] 伯恩斯坦、科姆登和格林，《美妙小镇》，第172页。
[2] 霍华德·波拉克（Howard Pollack），《阿隆·科普兰：一个不寻常之人的生活和工作》(*Aaron Copland: The Life and Work of an Uncommon Man*)（伊利诺伊州厄巴纳和芝加哥，1999），第454—457页。

主义者，而且事实上"我的宗教教育和信仰必然使我视共产主义为仇敌"[1]。

伯恩斯坦的音乐剧在纽约复演的证据（从左起顺时针方向）：《美妙小镇》在城市中心返场！（2000），《西区故事》在明斯科夫剧院上演（1980），《锦城春色》在抒情剧院上演（2014—2015），《西区故事》在宫殿剧院上演（2009—2011）。

在写给弟弟的信中，伯恩斯坦直言道，"通过这样一次恐怖和屈辱的经历，能够认识他（麦金纳尼）也算值得；花 3500 美元也挺值。是的，这就是当下成为一名自由的美国公民需要付出的代价。"[2] 伯恩斯坦比他的朋友杰罗姆·

---

[1] 参见巴里·塞尔迪斯（Barry Seldes）所著的《伦纳德·伯恩斯坦：一位美国音乐家的政治生活》(*Leonard Bernstein: The Political Life of an American Musician*)（加利福尼亚州伯克利，2009），第 69—72 页，以及西梅奥内编著的《伦纳德·伯恩斯坦书信》，第 298—309 页，引文出自 306 页。
[2] 西梅奥内，《伦纳德·伯恩斯坦书信》，第 310 页。

罗宾斯要幸运，后者被迫于1952年5月在众议院非美事务委员会前作证。由于害怕自己的前途受到影响，罗宾斯检举了同事中的共产主义分子。伯恩斯坦继续与罗宾斯一起工作，但是有些左翼的人在此后数年都与这位编舞者断绝了联系。[1]

《码头风云》和《小夜曲》

1953年夏天，伯恩斯坦一边在坦格尔伍德工作，一边等待自己的护照被更新，这对于他秋天在巴西、意大利和以色列的活动至关重要。9月份，他和巴西交响乐团一起工作了平淡无奇的三周，之后去了以色列——费利西娅也去了那里，和他一起待了两个月。在四周之内，伯恩斯坦指挥以色列爱乐乐团演奏了21场音乐会，证明他在那里的受欢迎程度丝毫不减。[2] 在深秋携夫人来到意大利之后，他在米兰和佛罗伦萨举办了音乐会，并在之后和圣切契利娅音乐学院管弦乐团合作完成了三个不同的节目单。当年12

---

1 格雷格·劳伦斯（Greg Lawrence），《与魔鬼共舞：杰罗姆·罗宾斯的一生》（Dance with Demons: The Life of Jerome Robbins）（纽约，2001），第199—211页。
2 关于此次以色列之行的描述，参见阿伊罗普洛斯，"指挥文化：伦纳德·伯恩斯坦，以色列爱乐乐团以及犹太美国身份的推敲，1947—1967"（Conducting Culture: Leonard Bernstein, the Israel Philharmonic Orchestra, and the Negotiation of Jewish American Identity, 1947—1967），博士论文，塔萨斯大学（2015），第172—174页。

月，伯恩斯坦取代维克多·得·萨巴塔（Victor de Sabata），在米兰斯卡拉大剧院上演的路易吉·凯鲁比尼（Luigi Cherubini）的《美狄亚》(*Medea*)中担任指挥，为他的客座指挥生涯添上了浓墨重彩的一笔。担纲剧名角色演唱的著名女高音歌唱家玛丽亚·卡拉斯（Maria Callas）坚持聘用伯恩斯坦——有卡拉斯惊为天人的理解能力的支持，他重新激活了歌剧的配乐，增加了其戏剧效果。他是第一位在那里工作的美国指挥，并且第二年又受邀回去。12月15日，他和费利西娅飞回家过节，月末又回到米兰进行更多的演出。

1月份回到纽约之后，伯恩斯坦打算投入到《老实人》的创作中来，但是好莱坞向他发出召唤。制作人山姆·施皮格尔（Sam Spiegel）最新的项目是《码头风云》(*On the Waterfront*)，由伊利亚·卡赞（Elia Kazan）执导。伯恩斯坦本来打算拒绝该项目的邀约，因为他实在太忙，加上卡赞是众议院非美活动调查委员会最著名的检举人之一。不过施皮格尔说服我们的音乐家观看粗剪片，即没有配乐的完整电影。伯恩斯坦很喜欢这部片子，这并不让人感到意外，因为它的故事强劲有力，制作艺术令人难忘，还有马龙·白兰度（Marlon Brando）、伊娃·玛瑞·森特（Eva Marie Saint）、李·J. 科布（Lee J. Cobb）和罗德·施泰格尔（Rod Steiger）的绝佳演出。随着伯恩斯坦的护照插曲得到解决，他不再被列入黑名单，电影产业因此接纳了他，于是他在2月份开始工作。施皮格尔和卡赞同意让伯恩斯坦以不受监管的方式进行工作,这意味着作曲家有权决定在哪里添加音乐以及每个片段应该多长。他一共写了27条、总计42分钟的音乐。[1] 伯恩斯坦没有在加州指挥录音室交响乐团演奏自己的电影配乐,但是出席了酒吧的演奏会,并且在特里(Terry)和艾迪(Edie)也在场的时候弹奏了爵士钢琴。

这部电影激发了伯恩斯坦的灵感。在他对《码头风云》的配乐中,无论是扶摇直上的爱情主旋律,还是凸显腐化的码头工人联合会头目怂恿下的暴力的狂野段落,都堪称一流——后者是在影片开头始于定音鼓的片段中表现出来的。主题曲是科普兰式的法国号独奏,其中有一个由中音c带来的蓝音符令人拍案叫绝——这一行表达了主人公特里自始至终怀有的忧伤之情。安东尼·布沙德(Anthony Bushard)展示了伯恩斯坦是如何通过类似"伤痛母题"这样的主旋律来实现配乐的统一——这在第一段音乐中就能听到,此时特里正在行走,准备服从约翰尼·弗兰德利(Johnny Friendly)的指令,最终导致了乔伊的死亡。[2] 同样

---

[1] 史蒂芬·利亚斯(Stephen Lias),"伦纳德·伯恩斯坦为电影《码头风云》而作的配乐及后续来自电影中的《交响乐套曲》与《第一交响曲》这一原创作品的比较——'剧院音乐'"(A Comparison of Leonard Bernstein's Incidental Music for the Film *On the Waterfront* and Subsequent *Symphonic Suite* from the Film, and an Original Composition: Symphony no. 1 — "Music for the Theater),音乐艺术博士论文,路易斯安那州立大学(1997),第7页。
[2] 布沙德,《伦纳德·伯恩斯坦的"码头风云":电影配乐指南》(*Leonard Bernstein's 'On the Waterfront': A Film Score Guide*)(马里兰州拉纳姆,2013),第51ff页。

的音乐一路伴随马龙·白兰度扮演的这个角色,见证了他如何赢得自尊:他爱上乔伊的妹妹,决定在犯罪委员会面前作证,与约翰尼·弗兰德利正面交锋。伯恩斯坦在结尾处特里备受折磨的行走过程中重拾影片的主旋律,给人留下了深刻的印象。《码头风云》的配乐既有狂热的拥趸,也有严肃的批评者,对于电影音乐应当在何种程度上避免喧宾夺主这一问题上的理解不同导致了这样的分歧。伯恩斯坦显然认为自己是一个合作者,在传递整体信息方面享有同等的地位,因此频繁地带来介入到部分前景中的音乐。伯恩斯坦在这部电影中所做的工作有力地证明,他渴望将自己严肃的音乐风格带到流行媒介中去。我们无法想象他为一部音乐喜剧写出同样的音乐,但是,正如安东尼·布沙德指出的那样,《码头风云》和《西区故事》中的曲目有的在风格上相关。[1]

在完成电影之后所写的一篇文章中,伯恩斯坦对自己的部分音乐在声音编辑过程中被舍弃表示了抗议,但与此同时也对声音工程师将对白、环境噪声和音乐融合到最终的成品中表示了肯定,这表明他的音乐得到了符合预期的礼遇。[2] 这部强大的电影赢得了八项奥斯卡;伯恩斯坦被提名最佳配乐奖,但是输给了电影作曲老兵迪米特里·迪

---

[1] 布沙德,"从《码头风云》到《西区故事》,或者没有任何地方像某个地方",《音乐戏剧研究》(*Studies in Musical Theatre*),iii/1 (2009),第 61—75 页。
[2] 伦纳德·伯恩斯坦,"插曲:加州三楼配音室",收录于《音乐的欢乐》(*The Joy of Music*)(纽约,1959),第 65—69 页。

奥姆金(Dimitri Tiomkin)的《情天未了缘》(*The High and the Mighty*)。伯恩斯坦将电影中的一些音乐改编为出自《码头风云》的《交响乐套曲》(Symphonic Suite),于1955年7月完成,并于当年夏天在坦格尔伍德首演。该套曲时长约20分钟,大多数取自影片中的前七段音乐,增加了一些串联材料。[1] 尽管后来伯恩斯坦也接洽过相关的电影业务,并且在1969年一度和导演佛朗哥·泽菲雷里(Franco Zeffirelli)合作为《太阳神父,月亮神女》(*Brother Sun, Sister Moon*,1972)工作,但是他再没有完成过第二

1955年,正在谱曲的伯恩斯坦。

---

[1] 利亚斯,"比较",第85页。

部电影的配乐。[1]

当伯恩斯坦放下手头的所有事情来为《码头风云》这部电影工作时,他其实有一首为小提琴独奏而作的音乐会曲子未完待续——在伯恩斯坦的导师去世后不久,他得到库赛维斯基基金会的委托,这便是这首曲子的由来。1953年秋天,作曲家在《据柏拉图〈会饮篇〉而作的小提琴、弦乐和打击乐小夜曲》(*Serenade after Plato's 'Symposium' for Violin, Strings, and Percussion*) 上取得了进展,不过其大部分内容是在 1954 年夏天完成的,这离它在意大利威尼斯的首演时间不远——伯恩斯坦于 9 月 12 日和小提琴家艾萨克·斯特恩(Isaac Stern)共同完成了演奏。这是伯恩斯坦最好的音乐会曲子之一,为小提琴独奏华丽打造,包罗了风格迥异的音乐,从作曲家标志性的抒情到终章中的管弦爵士都能听到。这首《小夜曲》的一个不同寻常的地方在于伯恩斯坦使用的叙事性标题——基于的是柏拉图对于一场关于爱的讨论的回忆,参与者包括苏格拉底、阿里斯托芬和其他人。当时应该没有多少美国人知道这篇文献,但对于一名已经以 W. H. 奥登的一首充满智慧的诗来给交响曲命名的作曲家来说,在创作小提琴协奏曲的时候也是乐于受到一篇古希腊哲学论文的激发的。伯顿不觉得《小夜曲》和这位古希腊哲学家的联系真的那么紧密,指出

---

[1] 伯顿,《伦纳德·伯恩斯坦》,第 238 页,第 386 页。伯恩斯坦一早就离开了《太阳神父,月亮修女》这个项目,没有等到它拍摄完成。

4 "我显然必须要为长大后成为什么样的人作出决定"：向作曲家靠拢，1952—1957

"只消瞥一眼柏拉图就会发现伯恩斯坦的改编与原作之间的明显鸿沟"[1]。比如，伯顿认为，尽管各乐章是以这些古希腊人物命名的，但是作曲家没能遵照柏拉图给出的这些不同的哲学家在宴会上的发言顺序对其进行排列，并且有些乐章中的人物可能和大家的预期并不相符。肖恩更倾向于严肃对待伯恩斯坦的创作源泉问题。[2] 很多著名的标题音乐作品都和其基于的模型之间关系暧昧，可以用艺术家的特权解释伯恩斯坦这些所谓的"鸿沟"。但不得不说的是，伯恩斯坦取的这个名字一点儿也没让理解这个作品变得更加容易。柏拉图的《会饮篇》中涉及同性恋取向，这可能是伯恩斯坦创作源泉的一部分——伯恩斯坦对古希腊的智慧精英阶层生活中的这一面可能颇为欣赏。在写这首小提琴协奏曲时，伯恩斯坦使用了他的五支《纪念日》钢琴独奏曲中的四支——在许多其他作品中，伯恩斯坦也使用了从前自己创作的曲块儿来构建其中的某些部分。

《小夜曲》构建了一个完满的整体。随着其向前行进，我们听到的很多东西都是伯恩斯坦基于前面的材料而作的，这也是科普兰最喜欢用的一个创作手段。开篇的乐章"费德鲁斯，保萨尼阿斯"（缓慢地，快板）以升高的第四级音开始，这是一个如同六翼天使般美妙的想法，让人联想到《西区故事》中的"玛丽亚"，而这一主旋律用在剧中那些

---

[1] 伯顿，《伦纳德·伯恩斯坦》，第239页。
[2] 肖恩，《伦纳德·伯恩斯坦：一位美国音乐家》，第123—127页。

较为甜蜜的时刻再合适不过。伯恩斯坦将模仿理念付诸于缓慢的部分，然后用它开启"保萨尼阿斯"这个富有欢乐、艺术名家风范和活力十足的小提琴快板乐曲。"阿里斯托芬"基于两支"纪念日"而来，是一首魅力十足的快板乐曲——据伯恩斯坦在创作计划笔记上所写，他认为这位著名的戏剧家是"一个床头故事家，爱情童话传说呼之即来"[1]。这一乐章的活力多数时候维持在轻度状态，不像"埃里克西马克斯"一样恣意奔腾。紧随这一烈度十足的永动机的是"阿伽颂"，这既是整首作品中最优雅的一个乐章，也是伯恩斯坦写出的最优美的曲子之一。他基于第一乐章的旋律完成了这一章第一部分的配乐，随后带来了一首抒情独奏代表作——在乐章中段营造出一个强劲的高潮，之后小提琴手携华彩乐段回归，经过多次停顿最终烟消云散，随后重新响起开场的弦音乐。终章"苏格拉底，阿尔西比亚德斯"（充分保持时值-非常活泼的快板）以紧张的方式开场，是一个很大程度上基于级进的符号而作的缓慢部分，最终达成了协和。伯恩斯坦在《奇切斯特圣歌》（*Chichester Psalms*）的终章的开篇也写过类似的音乐，以抒情来消解紧张感，但是在"阿尔西比亚德斯"中，伯恩斯坦使用了管弦爵士，既有格什温式的蓝调理念，又有更

---

[1] 伦纳德·伯恩斯坦，"创作计划笔记"，收录于《据柏拉图〈会饮篇〉而作的小提琴、弦乐和打击乐小夜曲》（*Serenade after Plato's 'Symposium' for Solo Violin, Strings, Harp and Percussion*）（纽约，1988），第【ⅲ】页。

与时俱进的现代爵士,包括一首轻松活泼的弦贝斯独奏曲。乐曲以小提琴迸发活力的方式收尾。

《综合节目》

罗伯特·绍德克(Robert Saudek)凭借制作无线电纪录片在广播世界崭露头角,后来于1951年成为福特集团旗下的实验性电视分支的总监。他于1952年开启了《综合节目》,试图通过每周日傍晚播出90分钟的专题节目将高雅文化带到电视中来。绍德克的助理制作人是保罗·费盖伊,即《锦城春色》的联合制片人。他和专题节目主编玛丽·埃亨(Mary Ahern)一起吸引来伯恩斯坦,让他基于贝多芬的《第五交响曲》第一乐章的速写制作一期《综合节目》。我们的音乐家为自己写了广播稿,为选自贝多芬速写集的片段进行了编曲,而后于1954年11月14日在电视直播中就这个话题进行了讲述。这首曲子的第一页被印在录音棚的地板上,音乐家们各自手持乐器排成合适的队列——现场还有一些诸如此类的操作,展示出伯恩斯坦在向大众解释音乐方面的天分。他对贝多芬最终没有采用的段落进行了描述,使用的是广大观众能够明白的语言,因而真正向他们传递了对音乐的理解。他20分钟的演讲以演奏这首交响曲的第一乐章而收尾——参与演奏的是空中交响乐团，也就是从前的全美广播公司交响乐团。此后不久，霍华德·陶布曼（Howard Taubman）在《纽约时报》上表达了自己对伯恩斯坦这期节目的欣赏："他让他的观众洞察到一位创作工作者的内心。音乐家在电视频道中讨论好的音乐时惯用一些华丽的词藻，但他没有这么做，而是展示了一首交响曲能够成为何等精彩的历险记。"[1]

伯恩斯坦的首次电视直播获得了热烈反响，于是他在接下来的四年里又录制了六期节目，一直到他接手纽约爱乐乐团的《年轻人音乐会》（Young People's Concerts）为止。他的下一集《综合节目》是"爵士的世界"，于1955年10月16日播出。在这期节目中，伯恩斯坦用12小节的蓝调结构为莎士比亚《麦克白》（Macbeth）中的一组对句谱了曲，令人印象深刻，此外还带来了更多精彩的音乐教学和由一个录音棚爵士乐队带来的美妙演奏。不过，这期节目放在今天要令人皱眉了，因为它只有白人音乐家参与，并且演奏的主要作品是伯恩斯坦的《序言、赋格曲和重复乐段》——这首曲子中几乎没有即兴发挥的地方，这在一个以爵士乐为主题的演出中是很成问题的。七周之后，1955年12月4日这天，伯恩斯坦出现在"指挥的艺术"中，收看的观众据估计有一千六百万。[2] 这期节目将指挥

---

[1] 陶布曼，"在电视上与典雅的一次接触：音乐很少做到成功，但在伯恩斯坦、莱纳和莫扎特这里成了"，《纽约时报》，1954年11月21日，第x7页。
[2] 伯顿，《伦纳德·伯恩斯坦》，第252页。

领域最重要的事实以及这门艺术的高贵之处都进行了言简意赅的介绍。1956年10月7日,伯恩斯坦带来了"美国音乐戏剧",对这个体裁的音乐元素进行了介绍,用鲜活的例子对其历史进行了简要的探微,并且在临近结尾时变得饶有自指意味,因为伯恩斯坦呼唤新的"莫扎特到来"、帮助美国音乐戏剧迈出下一步。[1] 鉴于当时伯恩斯坦正在为《老实人》收尾,同时还在创作《西区故事》,他可能正是把自己打造成这位"莫扎特"。此后他参与的《综合节目》电视节目包括"现代音乐介绍"(1957年1月13日)、"约翰·塞巴斯蒂安·巴赫的音乐"(1957年3月31日)以及"是什么使歌剧变得伟大"(1958年3月23日)。选自《综合节目》的广播稿和音乐方面的例子构成伯恩斯坦的第一本书《音乐的欢乐》(The Joy of Music,1959)的大部分,所有七集节目也都以DVD的形式发行。伯恩斯坦从《综合节目》的工作中收到的片酬颇丰,并且也通过它极大地提升了个人的知名度。

《老实人》

伯恩斯坦既要为自己的第三部百老汇音乐剧忙碌,又

---

[1] 伦纳德·伯恩斯坦,"美国音乐喜剧",收录于《音乐的欢乐》(纽约,1959),第164—191页,引文见191页。

必须使之不与他其他的项目相冲突。他继续在意大利指挥，1955年冬天和春天的大部分时间都在米兰的斯卡拉大剧院工作，此外还在的里雅斯特和佛罗伦萨短暂指挥管弦乐团，并且带领以色列交响乐团在那里进行巡演。斯卡拉大剧院为伯恩斯坦提供了另外一个颇具吸引力的项目：全新制作的贝利尼（Bellini）的《梦游女》（*La sonnambula*），共演出十场，由玛丽亚·卡拉斯出演。他的另外一项工作是七场普契尼（Puccini）的《波希米亚人》（*La bohème*）的演出，不过由于采用的是旧的制作，没有像许诺的那样重新演绎《乡村骑士》（*Cavalleria rusticana*），这项工作只是按部就班进行。此外，伯恩斯坦没能说服该剧院上演布利茨坦的《雷吉娜》（*Regina*），因此他回国后就不打算再回那里了。伯恩斯坦下一次在歌剧院工作要等到十年之后了。与以色列爱乐乐团的巡演共七场，包括柏辽兹（Berlioz）的《罗密欧与朱丽叶》（*Romeo and Juliet*）以及他自己的《小夜曲》——后者是与独奏家艾萨克·斯特恩一起完成的。在此次旅程中，费利西娅·伯恩斯坦陪伴了丈夫一个月——当时她身怀六甲，即后来于1955年7月7日出生的次子亚历山大。仅仅几个月之后，9月23日这天，伯恩斯坦扶摇直上的名人效应在一个电视访谈中得到印证：爱德华多·R. 默罗（Edward R. Murrow）在伯恩斯坦和费利西娅的公寓采访了他俩，并在《人与人》（*Person to Person*）这档

4 "我显然必须要为长大后成为什么样的人作出决定":向作曲靠拢,1952—1957

电视节目中播出。[1]

在创作《老实人》期间,伯恩斯坦的合作者莉莉安·赫尔曼向他建议了另一个项目。她将尚·阿诺伊(Jean Anouilh)的法语戏剧《云雀》(*L'Alouette*)翻译成了英文,让我们的作曲家为这部围绕圣女贞德展开的戏剧写歌——该剧于1955年11月17日在朗埃克剧院开演。此次配乐让本来就不拘一格的伯恩斯坦再度开疆扩土:他汲取了中世纪和文艺复兴时期的声音来为法语和拉丁语文本谱曲。他在这样的混合物中注入了自己标志性的音乐风格,写出了简短而又迷人的合唱作品,其中有小部分的打击乐。剧中有一些文本来自罗马天主教会弥撒的常用经文;合唱指挥罗伯特·肖(Robert Shaw)看了《云雀》后向伯恩斯坦建言,把这部作品改编成一首短弥撒一点不难,而我们的作曲家在几十年后将肖的委托付诸实践。

1953年秋天,伯恩斯坦和赫尔曼开始讨论《老实人》的合作事宜。赫尔曼在给伯恩斯坦的信中充满热情地提出:"我认为它(《老实人》)可以成为歌剧-散文-歌曲的绝妙结合体。"[2] 西梅奥内指出这封没有署日期的信是在当年秋天寄出的。1954年2月7日,伯恩斯坦在意大利写信给费利西娅,表示自己打算和赫尔曼一起创作《老实人》,并且承

---

[1] 肖恩,《伦纳德·伯恩斯坦:一位美国音乐家》,第134页。
[2] 西梅奥内,《伦纳德·伯恩斯坦书信》,第311页。

认自己本来已经写了一封拒绝信，但后来又撕了。[1] 伯恩斯坦回家之后，用深冬和春天的大部分时间来创作《码头风云》，而后在 1954 年夏天利用和家人在马萨葡萄园岛居住的时间开启《老实人》的深度作业。除了赫尔曼，他还与约翰·拉图什（John Latouche）这位特别擅长写讽刺作品的词人进行了合作。第一幕的速写在当年夏天浮出水面，而随着伯恩斯坦在秋天结束最新一次意大利指挥之行后返回美国，这项工作继续开展。不过伯恩斯坦和赫尔曼在 11 月与拉图什分道扬镳，而后一度打算由他们自己来填词。1955 年 2 月至 6 月，由于伯恩斯坦再赴意大利，创作工作再次出现断裂。等他回来之后，找到一名词人依然是燃眉之急：多萝西·帕克（Dorothy Parker）只写了一首歌，而詹姆斯·阿吉（James Agee）在答应合作后不久就去世了。在寻找新的词人的同时，伯恩斯坦开始创作《西区故事》。

1955 年 12 月，伯恩斯坦和赫尔曼与理查德·威尔伯（Richard Wilbur）达成一致——这是一位年轻的诗人，当时在卫斯理大学教英文。[2] 他在 1956 年夏天和秋天为《老实人》填了词。5 月 25 日，伯恩斯坦从马萨葡萄园岛给大卫·戴蒙德写信，表示他和赫尔曼虽然继续在合作完成这部音乐剧，但是他们找来了蒂龙·加斯里（Tyrone

---

[1] 西梅奥内，《伦纳德·伯恩斯坦书信》，第 316 页。
[2] 伯顿，《伦纳德·伯恩斯坦》，第 257 页。

Guthrie)——伯恩斯坦称这位英国导演"将拯救这部戏";此外,威尔伯"是一位非凡的年轻诗人,尽管从未写过歌词,但已经在不断带来惊喜"[1]。在这封信后面,作曲家指出,他还在从事"罗密欧"演出的工作,合作者是一个"名叫史蒂夫·桑德海姆(Steve Sondheim)的孩子,又迷人又有天赋",带来了"即便对于我而言也是狂野的场景"[2]。伯恩斯坦此外还跑到纽约去指挥,但《老实人》的主要音乐都在 8 月前完成了,排练于秋天开始,而后在波士顿进行了三周的试演,最后于 1956 年 12 月 1 日开演。

威尔伯为第二幕提供了有效的歌词,并且清理了其他人在第一幕中的工作。但《老实人》的主要问题在于,赫尔曼的讽刺剧本和伯恩斯坦在 19 世纪轻歌剧和欧洲音乐类型影响之下创作的"糖果"配乐之间存在基调的断层。在 1954 年 7 月 29 日写给科普兰的信中,伯恩斯坦表示自己创作这部剧的灵感来源包括埃罗尔德(Hérold)和奥贝尔(Auber)这两位法国 19 世纪作曲家——他将其称为他作品中的一个"新的出其不意之处"[3]。赫尔曼的灵感来源则要离得更近,也更接地气:美国的麦卡锡主义。她之所以拿起伏尔泰这部著名的中篇小说,是看中了其中尖刻的讽刺;这位法国作家几乎把 18 世纪 50 年代与他同时代的哲学家

---

[1] 西梅奥内,《伦纳德·伯恩斯坦书信》,第 352 页。
[2] 同上,第 352 页。
[3] 同上,第 319 页。

和重要的东西都戳了个遍。在赫尔曼的手中,伏尔泰包罗万象的故事及其尖锐的刀锋指向了当代世界,特别是在一个场景中,即西班牙宗教裁判所显然象征着众议院非美活动调查委员会——1952年,赫尔曼曾经在作证时公然对其表示蔑视。要把赫尔曼的苦涩和伯恩斯坦那经常华丽轻浮的音乐协调起来难度十足。另外一个难点在于,伯恩斯坦的音乐演唱起来难度颇大,因此必然要求演职人员以歌手为先——在导演加里斯看来,这使得呈现赫尔曼的剧本变得更加棘手,成了导演面对的众多问题之一。[1] 主演包括扮演标题角色的罗伯特·朗萨韦尔(Robert Rounseville)和扮演库内贡德的芭芭拉·库克(Barbara Cook),二人唱功一流,再加上其他演职人员的倾情表演,由首创人员录制的音像作品令人难忘。剧评褒贬不一,不过连难得对其发出盛赞的《纽约时报》的布鲁克斯·阿特金森也注意到了剧本与配乐之间存在的基调差异:"总体上而言,伯恩斯坦先生要比赫尔曼小姐更加无拘无束,能够更加自由地发挥自己的才华。赫尔曼小姐被这个故事的内在属性束缚住了。"[2] 阿特金森的赞赏杯水车薪,原版《老实人》只上演了73场。

---

[1] 加斯里,《剧院的一生》(*A Life in the Theatre*)(纽约,1959),第240—241页。
[2] 阿特金森,"音乐剧'老实人':莉莉安·赫尔曼和伦纳德·伯恩斯坦将伏尔泰的讽刺作品变成了一部戏剧佳作",《纽约时报》,1956年12月9日,第149页。

4 "我显然必须要为长大后成为什么样的人作出决定"：向作曲靠拢，1952—1957

随着原版演职人员录制的音像面世，伯恩斯坦为《老实人》创作的热情洋溢的配乐开始走红。赫尔曼再没完成过另外一版的剧本，并且最终放弃了自己的剧本，但是其他版本的《老实人》陆续出现。事实上，在百老汇第一波上演时商业成绩不佳的音乐剧中，《老实人》的历程可能最为曲折。它的演出史包括1973制作的"切尔西"——由哈尔·普林斯（Hal Prince）根据休·惠勒（Hugh Wheeler）的新剧本执导，在百老汇连演了很长时间；此外还有1982年的纽约城市歌剧团版本、1988年苏格兰歌剧团的演出、1989年伯恩斯坦的音乐会版本以及其他。每一版都有一些不同的歌曲，曲目出现的顺序也不断调整，而且故事也发生了变化。海伦·史密斯（Helen Smith）写了一章来介绍这部剧及其历史，这很有用，但是这个话题要真说起来得专门写一本书。[1]

《老实人》的配乐有如此强的生命力，到底是有什么过人之处呢？无论听众面对的是哪个版本都能体会到的那种？这可能是因为伯恩斯坦这一次放弃了他在为百老汇创作时惯用的灵感——蓝调、爵士、音乐剧传统歌曲——转而放任自己不拘一格的风格和生活情趣在欧洲音乐的广阔天地中自由漫步。这将配乐变成了一部轻歌剧，也是伯恩斯坦

---

[1] 参见史密斯所著的《有一个属于我们的地方：伦纳德·伯恩斯坦的音乐剧作品》（*There's a Place For Us: The Musical Theatre Works of Leonard Bernstein*）（法纳姆，2011），第99—138页。

在这个体裁唯一的作品——威廉·A. 埃弗里特（William A. Everett）和艾伦·肖恩都探讨过这一点。[1] 在喧闹欢乐的"序曲"中，这部剧最妙的一些主旋律编织成令人赏心悦目的奏鸣曲曲式，预示下面的内容将富有音乐复杂性。

配乐中的人声曲目打造了一场名副其实的音乐之旅。"威斯特法伦众赞歌"（Westphalian Chorale）是对同节奏的巴洛克众赞歌和声的更新——伯恩斯坦后来在《弥撒》（Mass）中的"万能的天父"中戏仿了这一风格。"噢，快乐的我们"以曲调优美的 7/4 节拍开始，这也是伯恩斯坦最喜欢的拍子之一，而后在老实人和库内贡德来到标题中的文本时转换到三拍子。在"裁判所"这场戏中，伴随伯恩斯坦的"信仰审判"的是弦乐器的疯狂运作和狂野的变调，制造出的音乐混乱让人想到处在欢闹状态中的肖斯塔科维奇。独奏段落即刻得到合唱的回应，这带有吉尔伯特和沙利文的强烈印记，也让人想到格什温的《我为你歌唱》（Of Thee I Sing）。在 1989 年录制时的节目笔记中，安德鲁·波特（Andrew Porter）指出，库内贡德的"闪耀，开心起来"诠释的是 19 世纪的华尔兹传统。[2] 这首带有扩展的花腔女高音的歌曲也是对歌剧唱腔的戏仿，比方说《蝙

---

[1] 埃弗里特，"《老实人》和美国轻歌剧传统"，《音乐戏剧研究》，iii/1（2009），第 53—59 页，以及肖恩，《伦纳德·伯恩斯坦：一位美国音乐家》，第 137 页。
[2] 波特，"《老实人》导论"，见伦纳德·伯恩斯坦的《老实人》节目小册子的第 8—14 页，伦敦交响乐团和合唱团/伯恩斯坦（德意志留声机公司 429 734—2，1991），CD。

蝠》（*Die Fledermaus*）中的"大笑歌"。配乐中其他的华尔兹曲包括"巴黎华尔兹""你知道你已经死了"以及"有什么用"。《老实人》中其他类似舞曲、富有节拍的设计包括在"生活真幸福"和"威尼斯加沃特舞"中以同样的旋律出现的加沃特舞曲、"我们是女人"中的波尔卡舞曲、"旅途愉快"中的苏格兰慢步圆舞曲以及"国王的威尼斯船歌"中的威尼斯船歌。剧中的老妇人在探戈舞曲中宣称"我是如此轻易地被同化"——这是一首令人捧腹的作品，其中的西班牙语是费利西娅提供的。正如波特指出的那样，"安静"这首歌中棱角分明的半音阶旋律是对12音调作品的戏仿，这为伯恩斯坦带来的不同时期的音乐之旅再添一站。"让我们的花园成长"这最后一曲以听起来歌剧韵味十足的音乐结束，可能是最能说明伯恩斯坦的音乐和赫尔曼的剧本在基调上存在差异的瞬间。这是伯恩斯坦的产出中最令人难忘的瞬间之一，但对于一部讽刺剧来说可能过于严肃，同时对于生活过于乐观。

《西区故事》

《西区故事》既是伯恩斯坦生平最著名的作品，也是美国音乐剧最具标志性的作品之一，因而已经有大量的文献就其创作、音乐及文化意义进行了详细解读。[1] 这一小节主要关注的是伯恩斯坦在这部剧的创作中的作用，并且对其中的音乐及伯恩斯坦创作时受到的重要影响进行描述。1949 年早些时候，杰罗姆·罗宾斯有了更新莎士比亚的《罗密欧与朱丽叶》的想法，将罗密欧变成犹太人、朱丽叶变成天主教徒，并且与伯恩斯坦和剧作家阿瑟·劳伦茨（Arthur Laurents）分享了自己这一奇思妙想。到 5 月份的时候，劳伦茨给我们的作曲家展示了包含四场戏的《东区故事》（*East Side Story*）草稿；不过，由于他们三人都忙于其他的项目，合作事宜止步不前。1955 年 6 月，伯恩斯坦从意大利归来，本来是要投入到《老实人》的创作中来，但是他有了第三个想法，并且展示给了劳伦茨。他们将这个新的想法带到了罗宾斯那里，后者依然更倾向于改编《罗密欧与朱丽叶》。[2] 1955 年 8 月 25 日，即伯恩斯坦生日这天，劳伦茨和伯恩斯坦恰好都在南加州工作——伯恩斯坦在好莱坞露天剧场的美洲音乐节担任指挥。当他们一起躺在比佛利山庄酒店的游泳池边休息时，正巧读到了关于洛杉矶的墨西哥黑帮的故事，突然意识到曼哈顿西区波多

---

[1] 在众多关于这部剧的文献中，有两部非常棒的研究关注了不同的方面，即奈杰尔·西梅奥内所著的《伦纳德·伯恩斯坦：'西区故事'》（*Leonard Bernstein: 'West Side Story'*）、《1950 年以来的音乐地标》（Landmarks in Music since 1950）（伦敦，2009）和伊丽莎白·A. 威尔斯（Elizabeth A. Wells）所著的《"西区故事"：文化视角下的一部美国音乐剧》（*'West Side Story': Cultural Perspectives on an American Musical*）（马里兰州拉纳姆，2011）。
[2] 伯顿，《伦纳德·伯恩斯坦》，第 248 页。

黎各青年与白人青年之间的帮派战争或许能为他们的项目提供背景。罗宾斯觉得这个想法不错,鼓励劳伦茨和伯恩斯坦在9月份拿出一个三幕剧的框架。[1]

伯恩斯坦希望自己来完成作词,但实在太忙了。劳伦茨认识一位名叫史蒂芬·桑德海姆的年轻词人/作曲家,安排伯恩斯坦与他见面。他们彼此都觉得对方不错,决定共同担纲作词;桑德海姆听到的第一首歌是"玛丽亚"。桑德海姆的一项主要任务是把伯恩斯坦极度情绪化的歌词变得更加平和。在他们完成配乐后,我们的作曲家将歌词全部归功于桑德海姆。他们的合作从11月份持续到1956年3月——伯恩斯坦坚持将该剧暂停下来,其实也是不得已而为之,因为《老实人》的制作已是箭在弦上。[2]此时,《西区故事》第一幕的多数音乐已经写出来了。1956年4月,经验丰富、在百老汇大名鼎鼎的谢里尔·克劳福德(Cheryl Crawford)同意与罗杰·史蒂文斯(Roger Stevens)联合制作该剧。

1957年2月,伯恩斯坦重新投入到《西区故事》的工作中,不过他们花了数月时间完成了第二幕的音乐。4月22日,出于对这个故事的暴力性的顾虑,克劳福德离开了剧组。桑德海姆吸引来了自己的朋友哈罗德·普林斯(Harold Prince),后者和其伙伴罗伯特·格里菲斯(Robert Griffith)一周之内筹措了制作所需的30万美元。试镜工作

---

[1] 西梅奥内,"《西区故事》",第21—26页。
[2] 同上,第31页;伯顿,《伦纳德·伯恩斯坦》,第256—257页。

于春天开始——由于罗宾斯的完美主义,这是一个艰难的过程;有些演员试过十几次才拿到角色。伯恩斯坦的试镜笔记在国会图书馆保留下来,让我们了解到这一过程中诸多精彩的细节。比方说,当卡罗尔·劳伦斯(Carol Lawrence)于 5 月 7 日试镜的时候,他喜欢她的嗓音,不过觉得她"并不完全像玛丽亚"——显然这位原版剧中的玛丽亚后来摆脱了给人的这种感觉。同样是在 5 月 7 日,拉里·克尔特(Larry Kert)试镜伯纳多这一角色,后来又在 5 月 16 日试演托尼和里夫,最终在和卡罗尔·劳伦斯的联合试镜中赢得了托尼这个角色。[1] 罗宾斯坚持要求

《西区故事》在堪萨斯城星光剧院的演出:此时,伯纳多正在将玛丽亚和托尼分开,命令她回家。

---

[1] 国会图书馆,伦纳德·伯恩斯坦全集,第 75/5 盒。西梅奥内的"《西区故事》"在第 45 页用了该材料。卡罗尔·劳伦斯在访谈中描述了自己与克尔特联合试镜的过程,见威廉·威斯特布鲁克·伯顿(William Westbrook Burton)所著的《关于伯恩斯坦的访谈》(*Conversations About Bernstein*)(纽约,1995),第 174—177 页。

每名演职人员首先都应该是一名舞者，特别是托尼和玛丽亚的扮演者，而这部剧的配乐难度十足，这给伯恩斯坦和桑德海姆的教唱工作带来了挑战——在6月到8月初的八个星期的排练中，这二人肩负着这一工作。

好些演职人员都谈到伯恩斯坦是多么与人为善、多么尽心帮助他们学习音乐，这与罗宾斯形成了鲜明的对照——后者的排练风格咄咄逼人。[1] 在排练期间，伯恩斯坦负责的其他主要任务包括修订和创作额外需要的曲目，还有监督编曲——他为锡德·拉明（伯恩斯坦少年时代的朋友）和欧文·科斯塔提供详尽的建议，并且在他们完成草稿后进行校对。[2] 该剧的编曲人员名单依然是由伯恩斯坦领衔。《西区故事》在华盛顿特区的国家大剧院上演了三周，场场爆满，此后在费城上演了两周。它在试演期间几乎没有改动，之后于1957年9月26日在纽约开演，共上演732场，而后开始了一年的巡演，结束后又回百老汇演了249场。

伯恩斯坦力图把整部作品的配乐打造为一个有机整体，通过多样的主旋律一方面将各首歌关联起来，另一方面突显演出中重要的戏剧主题。他在之前的演出中也做过这样的事情，不过这种倾向在这部剧里更加明显。三全音和小七和弦音程出现了无数次，地位卓著；在节奏上，对于

---

[1] 比如可以参见威廉·伯顿，《关于伯恩斯坦的访谈》第172页，第177—178页。
[2] 关于编曲，参见西梅奥内，"《西区故事》"，第85—92页。

《西区故事》在堪萨斯城星光剧院的演出：正值"今夜"期间，这里的消防梯相当于朱丽叶的阳台。

"某个地方"（somewhere）这个词的长短处理具有重要的结构意义。此次伯恩斯坦在风格方面的"调色板"包括好几种拉丁美洲音乐以及多种多样爵士乐的印记。经历了无数版本的"序曲"充满了爵士乐印记和大/小三合音，这样强烈的不和谐可能正是黑帮暴力的写照。"喷气式飞机之歌"以三全音开始，伴奏在节奏上极度复杂。"有事要发生"是一首"我想要"歌曲[1]，伯恩斯坦使用了令人难以捉摸的节奏，以此对托尼这一人物的性格予以诠释。

"玛丽亚"是一首百老汇民谣风格的歌曲，在贝斯部分使用了伦巴舞节奏（3+3+2）。当他第一次唱出她的名字时，三全音与她的性格以及他们不顾一切的爱情相互呼应。"今夜"是一首比津舞曲（beguine），源于马提尼克的一种舞蹈，本是消防梯上的这个"阳台场景"的第三选择；这首歌的位置本来是由"某个地方"和"一只手，一颗心"占据的。[2] "美国"这首歌基于6/8和3/4拍的频繁转换，以塞斯拍子开场，是基于一种波多黎各舞曲而来，而后演变为一首墨西哥瓦潘戈舞曲（huapango）。"酷"这首歌在音乐上一语双关，指代"酷派爵士"，其中包含这种风格的曲调和器乐谱写，特别是对笛子和颤音琴的大量使用。这首歌和之后的舞蹈在音乐上都具有十足的复杂性，特别是在赋格曲部分。"一只手，一颗心"是一首甜蜜舒缓的华尔兹舞曲，其旋律原本出现在《老实人》的配乐中。"今夜五重唱"基于歌剧原型，堪称多曲调演唱的杰作，也为"轰鸣"中的大混乱埋下伏笔——在后者中能听到斯特拉文斯基暴烈的芭蕾舞曲那样的音乐。"我觉得很美"让人联想到阿拉贡的霍塔舞曲（jota）——一种快三拍的西班牙歌曲。

---

[1] "我想要"是音乐剧中一种流行的歌曲，一般由主要演员来演唱，表达其对当前生活的不满意，诉说其在试图找寻什么。——译者注
[2] 西梅奥内，"《西区故事》"，第63页。

整部剧中对于增小七和弦最重要的表述出现在"某个地方"这首歌中——出现在其开篇的"有一个"中，也就此引出了伯恩斯坦最崇高的旋律之一。接下来的梦芭蕾囊括了好几种不同类型的音乐。"天哪，克鲁普客长官"是来自《老实人》配乐的又一个"难民"，是一首妙趣横生的歌舞杂耍曲，带来喜剧性的缓解效果，同时将讽刺的矛头指向犯罪司法系统。"一个像那样的男孩"和"我有了爱人"联袂出现，但反差巨大。前者激烈刺耳，配合阿尼塔控诉玛丽亚的背信弃义，而玛丽亚的回答既简单又富有抒情性，回应得如此决绝，阿尼塔除了同意别无选择。伯恩斯坦本来想把玛丽亚最后的演说谱成音乐，但是没能成功；她在对每个人予以斥责的时候，甚至都没有音乐的烘托。[1] 终曲是"某个地方"和"我有了爱人"两首歌的混合重唱，渲染的是出殡的队伍——托尼的身体被两个帮派同时扛着。在准备电影版《西区故事》音乐的过程中，伯恩斯坦只扮演了次要角色。电影在 1961 年发行，后续收到极高的赞誉，这也是为什么这部剧会这么有名。

在纽约指挥界的盛名

正如巴里·塞尔迪斯指出的那样，伯恩斯坦在 1953 年

---

[1] 伯顿，《伦纳德·伯恩斯坦》，第 274—275 页。

4 "我显然必须要为长大后成为什么样的人作出决定":向作曲靠拢,1952—1957

为更新自己的护照努力洗清自己的名声,这很可能让他与那些将他列入黑名单的人修复了关系,或许也为他在美国拓展自己的指挥事业提供了助力。[1] 一个显著的好转出现在他的家乡城市,始于他与空中交响乐团的关系。1955年至1956年间,伯恩斯坦指挥该乐团在卡耐基音乐厅进行了六场音乐会——这是从11月开始的,演奏的是他钟爱的《第二交响曲》、马勒的《复活》以及科普兰的《自由颂歌》。他的这位长友认为,伯恩斯坦没有给予他的作品足够多的排练时间。尽管他们二人化解了这一分歧,但再也没法做亲密无间的朋友了。这一时期,该乐团卷入到一场政治丑闻中,有几名成员被控为共产党人。虽然有些人试图把伯恩斯坦也牵扯进来,但他毫发无伤——可能是因为他的新朋友、麻省参议员约翰·F. 肯尼迪(John F. Kennedy)帮了忙。[2]

季米特里·米特罗普洛斯从1951年起担任纽约爱乐乐团的音乐总监,但这位指挥与乐队之间的合作并不尽如人意,于是伯恩斯坦开始被当作自己的这位朋友的一个潜在代替者。据1956年10月16日的《纽约时报》报道,爱乐乐团宣布伯恩斯坦将与米特罗普洛斯共同担任1957—1958演出季的指挥——这是应这位希腊指挥大师的要求,因为

---

[1] 塞尔迪斯,《伦纳德·伯恩斯坦:一位美国音乐家的政治生活》,第72—85页。
[2] 伯顿,《伦纳德·伯恩斯坦》,第254页。

他表示自己想要试试别的一些机会。[1] 爱乐乐团聘用伯恩斯坦在 1956 年 12 月和 1957 年 1 月的四周的音乐会上担任指挥，后来又延长了这一工作时间：他在 12 月中旬的一系列演出中代替意大利指挥圭多·坎泰利（Guido Cantelli）。11 月 24 日的一场飞机事故令坎泰利离世，他曾是伯恩斯坦获得纽约爱乐乐团音乐总监一职要面对的最主要的竞争者之一。[2]

伯恩斯坦在指挥、电视和百老汇的事业三箭齐飞，变得比从前任何时候都有名。他登上 1957 年 2 月 4 日《时代》杂志的封面故事——这篇名为"青年才俊"的文章虽然对他予以了称赞，但也提出了批评，指出他迄今为止的作品都较为肤浅："在 38 岁这个年纪，伯恩斯坦必须告诫自己，虽然他的天赋令人兴奋不已，但还没有兑现出伟大的作品。"[3] 伯恩斯坦当时正和费利西娅以及马克·布利茨坦在古巴度假，等一回国就接手了爱乐乐团的《年轻人音乐会》，并与哥伦比亚广播系统的电视频道签订了合同，在周六中午进行电视转播，每年四场。同时，他开始与爱乐乐团磋商在 1958—1959 演出季接手音乐总监一职的事宜，并在 1957 年 8 月 3 日签订了合约——当时他正忙于《西区

---

[1] "伯恩斯坦受到爱乐乐团委任：将要在 1957—1958 演出季与米特罗普洛斯共同负责管弦乐团"，《纽约时报》，1956 年 10 月 16 日，第 36 页。
[2] 肖恩，《伦纳德·伯恩斯坦：一位美国音乐家》，第 141 页。
[3] "青年才俊"，《时代》（Time），LXIX/5（1957 年 2 月 4 日），第 72 页。

4 "我显然必须要为长大后成为什么样的人作出决定"：向作曲靠拢，1952—1957

故事》的收尾工作。[1] 根据各类登出的报道，米特罗普洛斯对自己的替代者很满意，并在1957年11月17日亲自宣告了这一更迭。[2] 米特罗普洛斯的传记作家威廉·R. 特罗特（William R. Trotter）指出，我们这位年轻指挥为获得这一职位四处活动，其中一项是将米特罗普洛斯是同性恋的情况报告给举足轻重的人物，伯恩斯坦则用结婚生子的方式掩盖了自己的性取向。[3] 米特罗普洛斯究竟多想跳出这份工作，现在曝出的伯恩斯坦对自己导师的背叛究竟对这位希腊音乐家在纽约的声誉造成了多大影响，恐怕是没法知道了；然而，如果伯恩斯坦真的做了像特罗特暗示的那种事情，那么这就是他一生中最冷酷无情的瞬间之一，换来的是与爱乐乐团缔结良缘——这是他加入的最重要的一家机构。

---

1 西梅奥内，《伦纳德·伯恩斯坦书信》，第364—365页。
2 罗斯·帕门特（Ross Parmenter），"伦纳德·伯恩斯坦引领爱乐乐团"，《纽约时报》，1957年11月20日，第1页。
3 参见特罗特，《音乐牧师：季米特里·米特罗普洛斯的一生》（*Priest of Music: The Life of Dimitri Mitropoulos*）（俄勒冈州波特兰，1995），第241页。特罗特指出，米特罗普洛斯没能在波士顿接过库赛维斯基的衣钵是由于伯恩斯坦从中作梗，提供了这位希腊指挥是同性恋的证词；而后，伯恩斯坦在米特罗普洛斯失去纽约爱乐乐团的职位中扮演了类似的角色。

5 "归根到底,我要成为一名指挥家!":爱乐乐团首席,1957—1969

在接受纽约爱乐乐团音乐总监的职位之后,伦纳德·伯恩斯坦的生活发生了深刻的变革。[1] 就雇佣关系和前程而言,它带来的是他职业生涯中唯一稳定的十年;同时,他作为这个知名管弦乐团的指挥和艺术管理员作出的贡献成为他留下的重要财富。在此之前,他主要以客座指挥、电视评论员和百老汇演出及其他作品作曲者的身份为人所知。他与爱乐乐团的音乐会、电视节目和音像制品在很大程度上令伯恩斯坦成为美国最著名的人士之一;事实上,在他离开爱乐乐团几十年之后,人们在收听古典音乐广播电台时依然会经常听到"以上就是伦纳德·伯恩斯坦指挥纽约爱乐乐团在……",这足以表明他和该乐团长长的音像目录依然具有重要的影响。

---

[1] 本章标题中的引文出自奈杰尔·西梅奥内(Nigel Simeone)编著的《伦纳德·伯恩斯坦书信》(*The Leonard Bernstein Letters*)(康涅狄格州纽黑文,2013),第363页。

接受爱乐乐团的总监一职意味着伯恩斯坦必然要将作曲束之高阁。他先签了一份三年的合约，而后又签了一份七年的，其中包括在1964—1965演出季休假一年。他的工作应接不暇：设计演出季、指挥排练和音乐会、负责《年轻人音乐会》与其他电视节目的广播稿撰写与转播、大量的巡演和录音，还有其他的管理职责和客座指挥事宜。因此，他几乎找不到时间来管身体中住着的那个作曲家到了哪里，更不要说真的坐下来创作音乐。在这十一年间，伯恩斯坦只挤出时间创作了《第三交响曲（卡迪什）》(Kaddish)和《奇切斯特圣歌》。这样的鸿沟令伯恩斯坦感觉芒刺在背，也成为他在1969年向爱乐乐团递交辞呈时给出的主要理由，不过这十多年对于深度解读伯恩斯坦是具有启示性的——他一生都在作曲家与表演音乐家两种身份间挣扎。伯恩斯坦是一位个人魅力十足的成功指挥，对他来说领衔演出明显要比写出新的作品容易得多。爱乐乐团和其他管弦乐团为他的创作活动带来了障碍，这也令他困苦不已，但他在1958年到1969年间创作方面的不足着实情有可原。

掌舵爱乐乐团：一场"教育布道"

伯恩斯坦是这个当时已经铸就了辉煌历史的乐团聘用的

第一位美国出生的音乐总监，同时也是最年轻的一位。纽约爱乐乐团成立于1842年，是美国历史最悠久的管弦乐团，也是世界上最悠久的管弦乐团之一——在一个具体城市中存续的交响乐团是一个相对近代才出现的现象。纽约爱乐乐团兴起于纽约体量巨大的德国移民群体。这个合奏团从世界上最著名的音乐家中选拔自己的音乐总监，安东·塞德尔（Anton Seidel，1891—1898）、古斯塔夫·马勒（Gustav Mahler，1909—1911）、威廉·门格尔贝格（Willem Mengelberg，1922—1930）和阿图罗·托斯卡尼尼（Arturo Toscanini，1928—1936）都在其名宿之列。伯恩斯坦的前任季米特里·米特罗普洛斯也是一位杰出的指挥家，不过尽管没人质疑他的音乐才华及其对自己这门手艺的投入度，但有些人觉得他并不是这个对声音和标准都有精确要求的乐团的最佳掌舵者。伯恩斯坦曾在1957年至1958年度与米特罗普洛斯共同担纲过爱乐乐团的指挥，并在1958年正式接过了这一职位——爱乐乐团似乎需要的是一位能够提振士气、能够坚守世界级的演奏标准的音乐家。伯恩斯坦很快进入角色，并拿排练来开刀，要求乐队排练已经演奏了数年的音乐。虽然此举在一开始引来了怨愤，但是指挥家也向乐团的音乐家们表明自己可以成为他们的朋友，同时乐于助人——他与乐团成员建立了私交，并且在必要的时候提供了个人贷款。他重新排列了管弦乐团在卡耐基音乐厅舞台上的位置，增加了立板以保持平衡，并且带来20世纪音乐方面的专业知识——即便对于爱乐乐团的老手来说，这也是前所未有的体验。这些因素，再加上演出场次的增加（米特罗普洛斯时期平均每年 131 场，而伯恩斯坦任期的最后一年达到 192 场[1]）以及录制音像和在电视中露面数量的增加，使乐团成员落袋的收入增多，这也让他们逐渐接纳了伯恩斯坦，并且认识到这位年轻的首席一直在为他们谋求福利——他们见证了他由 1943—1944 年度的助理指挥走向成熟。

在可以用来描述伯恩斯坦的众多身份中——作曲家、指挥、钢琴家、名人、音像艺术家、电视名流——有一个可以把所有的都联系起来，那就是"老师"。他的家人经常告诉媒体，他从未停止教学——考虑到伯恩斯坦的公众形象，这也很容易让人相信。他的父亲想让他要么打理家族生意，要么成为一名拉比，而伯恩斯坦实现了后者：拉比正是"老师"的意思。他最喜欢的话题是各种形式的音乐，而不是解释犹太教义；他走到哪里，哪里就是教室。下文中将对伯恩斯坦在担任爱乐乐团音乐总监期间以公共教育家的身份出现在电视上进行考量，而他与该乐团合作的整个时期都可以用这些词来描述。伯恩斯坦把这一职位称为"教育布道[2]"。我们将从他在四方面的努力来探寻这个称谓的内涵：节目编排策略、巡演、电视节目和音像录制。

---

[1] 伯顿，《伦纳德·伯恩斯坦》，第 291 页。
[2] 哈罗德·C. 舍恩伯格（Harold C. Schonberg），"百变的伯恩斯坦先生的新工作：爱乐乐团为音乐多面手提出挑战"，《纽约时报》（New York Times），1957 年 12 月 22 日，第 120 页。

节目编排策略

伯恩斯坦由翻新爱乐乐团的日程表入手。从前周四晚上的演出现在成了不那么正式的"音乐会前瞻":和排练一样,指挥家会在舞台上进行评论,可能还会在一曲中间打断管弦乐队,并且不让批评家进场。指挥家为这些演出专门穿了新的制服——一件尼赫鲁夹克,不过很快就弃之不用了。周四晚上,伯恩斯坦在舞台上发表评论,不过从来没有在中途打断过一部作品;客座指挥把这些夜晚当成是正常的音乐会一样。[1] 爱乐乐团在周五下午会对同样的节目进行演出,并邀请乐评家参加。在伯恩斯坦任职期间,周六晚上的演出变得更加频繁,并成为季票的一部分,而周日音乐会倾向于演奏分量轻一些的作品,还会有不那么重要的独奏者登场。伯恩斯坦的第一个三年合约要求他指挥十八周的音乐会——不到一个演出季的一半。显然他并不想霸占指挥席;事实上,爱乐乐团在20世纪60年代聘请的客座指挥数量是50年代的三倍。爱乐乐团为每一个演出季都聘请了三位助理指挥,这可能是因为其心系年轻指挥家、制订了一个锤炼他们的宏伟计划,也可能是因为伯恩斯坦的事业也是从这个职位起步的——他们中的有些人成为后来的方家,比如克劳迪奥·阿巴多(Claudio

---

[1] 伯顿,《伦纳德·伯恩斯坦》,第294页。

Abbado）和埃多·德·瓦特（Edo de Waart）。

伯恩斯坦的节目编排计划带有浓重的教育色彩，包括对作曲家的纪念日予以庆祝以及对音乐体裁和不同的曲目进行探究。正如这位指挥家在《纽约时报》上的任职宣言中所言：

> 乐团的功能必须变得有所不同——因为它在纽约，这是音乐世界的中心。节目应该叠加成一个整体：它们应当有一个贯穿始终的主题。节目不应该以个体形式建立，而应该呈现出系列、圆环、街区的形式。每一个系列、圆环、街区应当成为一个特定作曲家、特定时期或特定运动的节日。去看爱乐乐团演出的时候应当总是有一种节日感。[1]

他在第一个演出季中对汉德尔逝世 200 周年给予了关注，第二年又用众多演出纪念了马勒的百周年诞辰；和他一起完成演出的有布鲁诺·沃尔特和季米特里·米特罗普洛斯两位客座指挥——前者在年轻时曾与马勒一起工作过，而后者是这位功勋音乐家的一位重要阐释者。另一个重要节日是对 20 世纪交响音乐的探索：从 1965 年到 1967 年，伯恩斯坦在两个演出季指挥的 30 场音乐会中，除了一场，其他所有的都包括一首重要的当代交响曲或协奏曲。[2] 爱

---

[1] 舍恩伯格，"百变的伯恩斯坦先生的新工作"，第 120 页。
[2] 伯顿，《伦纳德·伯恩斯坦》，第 350 页。

乐乐团夏季工作量的增加还体现在其他的一些节庆活动上：伯恩斯坦任命自己的友人卢卡斯·福斯为副手，在1965年领衔一个法国和美国曲目的音乐节，并在1966年向伊戈尔·斯特拉文斯基致敬。虽然先锋音乐并不是作为作曲家的伯恩斯坦感兴趣的领域，但他在1963—1964演出季引领了对这一音乐类别的探索——这是一次富有争议的实践，为他既赢得了赞誉又招致了批评的"板砖"，但在20世纪60年代，一家主要的美国文化机构能做出此举着实不一般。[1] 在爱乐乐团的最后两季，伯恩斯坦火力全开。1967—1968是爱乐乐团第125个演出季，有二十五个受委托作品首演，而1986—1989演出季则出现了伯恩斯坦担任总监这十余年间最受公众欢迎的一些音乐会。

伯恩斯坦似乎下了特别的决心，一定要提升观众对于美国交响乐曲目的了解，在自己的第一个演出季就小试牛刀，选取了一小部分早期美国作曲家的作品，突显自己的抱负——其中包括亨利·F. 吉尔伯特（Henry F. Gilbert, 1868—1928）、阿瑟·富特（Arthur Foote, 1853—1937）和乔治·查德威克（George Chadwick, 1854—1931），还有很多后来的作品。在他任职爱乐乐团期间，由伯恩斯坦指挥的曲目差不多有三分之一都出自美国作曲家之手，而在他担任音乐总监期间，美国作品在爱乐乐团所有演出中的总

---

[1] 肖恩，《伦纳德·伯恩斯坦：一位美国音乐家》，第190—195页。

20世纪50年代电视上的伯恩斯坦。

比重上升到百分之十五。尽管伯恩斯坦钟情的是科普兰、威廉·舒曼、大卫·戴蒙德、乔治·格什温和查尔斯·艾夫斯的作品以及他自己的音乐,但他对祖国音乐的热情让许多美国作曲家从中受益。

巡演

和爱乐乐团一起巡演的时候,伦纳德·伯恩斯坦有点像一个超级兴奋的男孩在圣诞节的早晨奔走于自己的玩具之间。在可能长达十周的漫长旅程中,这位指挥家的常规做法是指挥大多数的音乐会、参与大量的采访和其他宣传活动、找出时间观光以及在音乐会之后外出体验夜生活。从这些旅程的报告中可以看到，毫无疑问伯恩斯坦喜欢巡演，也清楚宣传的力量。

其实在伯恩斯坦获得爱乐乐团音乐总监这一头衔之前，就曾在1958年4月至6月协助指挥该乐团在拉丁美洲进行了七周的巡演——他们代表的是美国政府，受到的是艾森豪威尔（Eisenhower）总统的文化展示特别国际项目的资助。那一次的行程路线包括12个不同国家的21个城市，共38场音乐会[1]；伯恩斯坦指挥了前21场音乐会，之后与米特罗普洛斯分摊了余下的场次。美国时任副总统理查德·尼克松（Richard Nixon）当时也在该地区出访，携伯恩斯坦在厄瓜多尔的基多召开了一场联合记者招待会。在整个巡演期间，爱乐乐团受到的待遇就像远征的英雄一样，不过尼克松则处处遭遇敌视，因为其身处的是一个经常觉得受到美国无视和操控的地区。尽管爱乐乐团对于国内如何报道自己有着严格的控制，但其所到之处着实引发了轰动，其中包括在玻利维亚拉巴斯多场爆满的音乐会以及在哥伦比亚波哥大类似的成功——要知道，前者当时刚刚经历了一场小型的非流血政变，而后者正在经历选举和由此

---

[1] 卡洛斯·莫斯利（Carlos Moseley），"爱乐乐团魅力十足：它证明自己是（美国）驻拉丁美洲的文化特使"，《纽约时报》，1958年5月25日，第x9页。

引发的政治暴力。[1] 费利西娅·伯恩斯坦在此行的大部分时间都伴随着自己的丈夫，在圣地亚哥看到他的音乐会大受欢迎时享受到了特别的喜悦——这是她长大的地方。[2]

1959年8月3日，伯恩斯坦与爱乐乐团开启了为期十周的旅程，包括希腊、黎巴嫩（伯恩斯坦没去这里，因为他是犹太人，可能会成为一个明显的靶子）、土耳其、奥地利的萨尔茨堡音乐节、波兰、苏联（三周）、卢森堡、法国、瑞士、南斯拉夫、意大利、挪威、芬兰和英国，共计在17个国家的29座城市举办了50场音乐会。单单是在苏联的这段时间就足以写一个大部头出来。这次巡演于10月12日在华盛顿特区结束，同样是受到文化展示特别国际项目的赞助。[3] 伯恩斯坦指挥了其中的36场音乐会，与他共同承担指挥任务的是托马斯·席佩斯（Thomas Schippers）和西摩·利普金（Seymour Lipkin）——后者还是一位钢琴家，在七场音乐会上负责伯恩斯坦的《第二交响曲（焦虑年代）》的独奏部分。每场演出都包括一部美国作品。[4] 随着巡演在"铁幕"之后进行，爱乐乐团在华沙大获成功，在最后一场音乐会上获得了长达40分钟的热烈掌声。伯恩

---

[1] 莫斯利，"爱乐乐团魅力十足：它证明自己是（美国）驻拉丁美洲的文化特使"，《纽约时报》，1958年5月25日，第x9页。
[2] 伯顿，《伦纳德·伯恩斯坦》，第288页。
[3] 迈克尔·詹姆斯（Michael James），"爱乐乐团在漫长的异邦之旅飞驰：乐团10周的旅程将包括在苏联的演出"，《纽约时报》，1959年8月4日，第3页。
[4] 伯顿，《伦纳德·伯恩斯坦》，第305页。

斯坦最终送管弦乐团下场,自己回来为波兰观众独奏了包括肖邦在内的钢琴曲。

苏联的巡演部分令伯恩斯坦难以忘怀。他们在莫斯科有八场音乐会(五场作为此行的开始,三场收尾),圣彼得堡六场,基辅四场。伯恩斯坦在出行前已经学了一点俄语,并且用它在舞台上讲话(他较长的那些发言是经过翻译的),而这样的做法在苏联极其罕见。不过在第一次的莫斯科之旅结束后,他迫于压力不再这样做。[1] 在第一周期间,伯恩斯坦在这座首都城市的柴可夫斯基音乐学院高雅的音乐厅指挥了五场音乐会;8月22日的首场音乐会以简要演绎苏联国歌开场,随后伯恩斯坦带来了莫扎特的《G大调钢琴协奏曲 K453》——由他在钢琴旁指挥,这在苏联是一个不寻常的举动。这场音乐会还包括塞缪尔·巴伯(Samuel Barber)的《随笔第二首:为管弦乐队而作》(Essay no. 2 for Orchestra)以及德米特里·肖斯塔科维奇的《第五交响曲》——后者引发了观众的疯狂掌声。伯恩斯坦"十多次回来鞠躬致谢,并接受了献花。他向现场的观众飞吻,然后按照俄罗斯传统,开始和他们一起鼓掌"[2]。他指挥管弦乐团加演了两曲。第一周的其他曲目包括:伯恩斯坦自己的《第二交响曲(焦虑年代)》;查尔

---

[1] 伯顿,《伦纳德·伯恩斯坦》,第308页。
[2] 奥斯古德·卡拉瑟斯(Osgood Caruthers),"莫斯科在爱乐乐团的胜利中向伯恩斯坦欢呼:俄罗斯人被爱乐乐团震撼",《纽约时报》,1959年8月23日,第1页。

斯·艾夫斯的《没有回答的问题》（*The Unanswered Question*）——舞台上伯恩斯坦在翻译的陪同下用英语解释了这部简短而富有哲理的作品，并在观众给予积极的回应后进行了重奏；斯特拉文斯基的《钢琴和管乐器协奏曲》和《春之祭》——在演奏后者时从莫斯科交响乐团找来了额外的音乐家。[1] 斯特拉文斯基著名的芭蕾舞曲在苏联官方看来腐朽颓废，因此很少在那里得到演奏。这位作曲家的钢琴和管乐器协奏曲也在这个国家闻所未闻。[2] 据《纽约时报》报道，在这首协奏曲结束之后"爆发出雷鸣般的掌声和喝彩声……震耳欲聋"[3]。伯恩斯坦对斯特拉文斯基的拥护为这位已经几十年没有访问过故土的俄罗斯作曲家三年后重返苏联铺平了道路。

余下的行程中另有无数令人难忘的音乐制作，还有伯恩斯坦经过一番周折与鲍里斯·帕斯捷尔纳克（Boris Pasternak）的会面——这位《日瓦戈医生》（*Dr Zhivago*）的作者可不是苏联政府的朋友。费利西娅·伯恩斯坦去了这位作家生活的地方，与他偶然碰了面。伯恩斯坦夫妇与帕斯捷尔纳克共进晚餐，而后他出席了爱乐乐团在莫斯科

---

[1] 卡拉瑟斯，"伯恩斯坦在生日这天指挥乐队演奏两首斯特拉文斯基的作品："春之祭"受到莫斯科观众的疯狂欢迎——作曲家接受派对和礼物致辞"，《纽约时报》，1959 年 8 月 26 日，第 25 页。
[2] 曼克斯·弗兰克尔（Max Frankel），"俄罗斯人受到爱乐乐团的触动：第三场音乐会得到了最热烈的回应——伯恩斯坦今日将在指挥席讲话"，《纽约时报》，1959 年 8 月 25 日，第 36 页。
[3] 卡拉瑟斯，"伯恩斯坦在生日这天"。

的最后一场音乐会。指挥家在巡演途中继续自己的电视活动,为美国观众录制了一个节目,在其中就科普兰的《比利小子》(Billy the Kid)和肖斯塔科维奇的《第七交响曲(列宁格勒)》进行了比较——由于他说的是英文,现场的俄罗斯观众一头雾水。伯恩斯坦的父亲塞缪尔此次并没有选择与儿子同行,不过伯恩斯坦在途中遇到了自己的叔叔,为这两兄弟接通了长途电话,促使他父亲也飞去了那里。[1]离开苏联之后,爱乐乐团在欧洲继续进行了一个月的演出,游走在"铁幕"隔开的两方阵营之间,最终在伦敦谢幕——在这里,英国批评家对伯恩斯坦活力十足的指挥风格并不认同。之后巡演团飞回了华盛顿特区,在美国政府代表以及巡演中所到国家的驻美大使面前进行了演出。

苏联之行揭示了伯恩斯坦的许多方面——他相信自己可以通过音乐来打破壁垒、缓和政治上的分歧。为了吸引眼球,他在节目设计上下足了功夫。向帕斯捷尔纳克主动示好令他遭受非议,不过伯恩斯坦经常利用自己的名人效应来与有趣的人见面或尝试离经叛道之举。苏联方面传出了一些对他的批评。音乐批评家亚历山大·梅德韦杰夫(Aleksandr Medvedev)在文化部出版的《苏维埃报》(Sovetskaya Kultura)上对伯恩斯坦在舞台上发言的习惯予以了猛烈抨击,并讥讽他在观众发出"一波不温不火的掌

---

[1] 伯顿,《伦纳德·伯恩斯坦》,第311页。

声"后就重复演奏了《未回答的问题》,错误理解了音乐厅中发生的事情。梅德韦杰夫接着批评指挥家试图发动一场运动,称"伦纳德·伯恩斯坦用音乐升起'铁幕'"[1]。正如伯顿所言,这个评价是有些道理的。我们的音乐家一生都渴望广阔的舞台。他可能真的想要为结束冷战提供助益。音乐会结束后,伯恩斯坦会被部分俄罗斯观众团团围住,并且走在街上也经常会被认出来。他对此评价道:"我感觉我们这样近了好多。如果没有和平,别的东西都一文不值。"[2] 他正在成为那个善于摆出宏伟姿态的伯恩斯坦,这样的例子在他后来的人生中不胜枚举:在维也纳取得一系列胜利,特别是对马勒这位犹太音乐家推崇备至,将他眼中的犹太音乐带到了一座具有反犹历史的城市;走到哪个国家就指挥这个国家自己那些受到欢迎的作曲家的作品——不仅在维也纳成功了很多次,而且在苏联、德国、法国、英国和别的地方也是这么做的;极具启示性、宏伟华丽的《第三交响曲(卡迪什)》(1963);用招摇的宣言写成他的《弥撒》(1971);还有1989年12月在柏林墙倒塌后召集了来自各个国家的音乐家组成管弦乐团,在柏林演奏贝多芬的《第九交响曲》。要达成这样的行动,需要有强烈的自信,要能够鉴别历史趋势,还要明白如何运用洞察力。

---

[1] 伯顿,《伦纳德·伯恩斯坦》,第307页。
[2] 同上,第308页。

即使是在爱乐乐团音乐总监的任期结束之后,伯恩斯坦依然继续与该乐团一起巡演,铸就了无从估量的宝贵财富。1959—1960演出季之后,他率领乐团前往日本,在东京举办了三场当代音乐会——这是"东西方邂逅"的一部分——而后在六座城市围绕更加传统的曲目进行了巡演,包括他的《第一交响曲(耶利米)》。此行还为伯恩斯坦的门徒、时年25岁的小泽征尔(Seiji Ozawa)提供了在自己的祖国指挥的机会。在接下来十五年左右的时间里,巡演依然不断,其中包括一次32场音乐会的漫长征途,为的是庆祝美国独立200周年——演出全部由美国曲目构成,于1976年5月20日在卡耐基音乐厅启动,6月份于十七天内在11个欧洲城市举办13场音乐会,最终于7月4日在纽约中央公园绵羊草甸聚集的人群面前谢幕。[1] 很少有人知道,这次巡演同时也展示了他将自己的职业生活和私人生活分而治之的能力:正如将会在第六章描述的那样,在这次旅程中,伯恩斯坦陷入与妻子费利西娅的分手纠葛,因为他想在这个日新月异的世界中以同性恋的身份生活。

---

[1] 舍恩伯格,"爱乐乐团回到了卡耐基音乐厅",《纽约时报》,1976年5月21日,第69页;芙罗拉·刘易斯(Flora Lewis),"身在巴黎的美国人伦纳德·伯恩斯坦用一曲格什温让城市沉醉",《纽约时报》,1976年6月19日,第50页;约翰·罗克韦尔(John Rockwell),"音乐:爱乐乐团面向5万人演奏;在绵羊草甸结束32场巡演之旅;伯恩斯坦在纯美国作品演出中分饰三角",《纽约时报》,1976年7月5日,第5页。

电视节目

在接手爱乐乐团总监一职前,伯恩斯坦已经因为在《综合节目》上做了好几期节目而为人熟知,因此他和爱乐乐团携手出现在小荧幕上并成为闪耀的明星似乎是必然的。以成年观众为目标群体的电视节目只维持到了1962年,一方面是因为赞助商的问题,另一方面是因为伯恩斯坦意识到它们过于占用自己的时间,不过《年轻人音乐会》在1958年冬天(即他成为音乐总监之前)就开始播出了,一直延续到1972年(即他离开该乐团三年之后)。迄今为止,伯恩斯坦以13岁少年为目标群体的53期电视节目已经在一本书、几部传记和不计其数的期刊论文和学位论文中得到描述。[1] 此人在向对音乐一无所知的民众进行科普方面具有特殊的天赋,而这些节目不只受到青少年的欢迎,也俘获了更小的孩童和成年人观众。许多音乐家都表示,这些节目对他们影响颇深,点燃了他们追寻音乐事业的梦想。《年轻人音乐会》在美国音乐教育史上留下了一笔独特的财富,是电视对文化教育领域作出贡献的一个真正的成功案例。

---

[1] 比如参见阿莉西亚·科普夫施泰恩-彭克(Alicia Kopfstein-Penk)所著的《伦纳德·伯恩斯坦和他的〈年轻人音乐会〉》(*Leonard Bernstein and His Young People's Concerts*)(马里兰州拉纳姆,2015)。

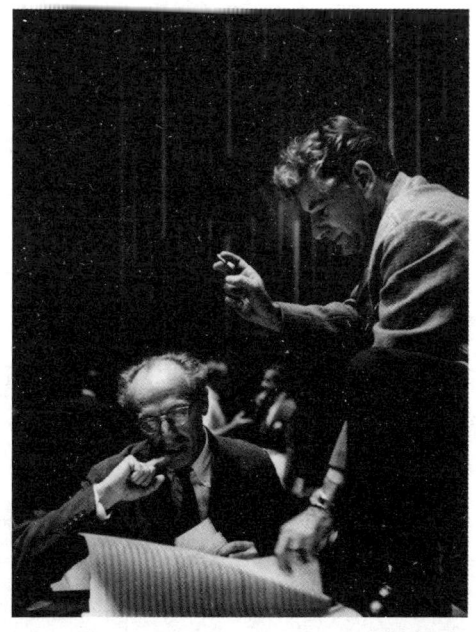

阿隆·科普兰的《内涵》于1962年9月在纽约的爱乐乐团音乐厅首演,图为伯恩斯坦和这位作曲家在演出之前商讨曲谱。

纽约林肯中心的大卫·格芬音乐厅——于1962年伯恩斯坦担任纽约爱乐乐团音乐总监时开馆,当时的名字是爱乐乐团音乐厅。

《年轻人音乐会》并不是由一众无名小卒主创，伯恩斯坦只是在最后时刻草草入场带来明星效应；相反，他活跃在这个项目的方方面面。他在黄色的拍纸本上起草广播稿——原版现在收藏在国会图书馆的伯恩斯坦全集中。随后，他会把广播稿带给他的编辑委员会，其中包括系列片导演罗杰·恩兰德（Roger Englander）、百老汇作曲家和儿童文学作家玛丽·罗杰斯（Mary Rodgers）（理查德·罗杰斯的女儿）等人，他们帮着伯恩斯坦将其修改得更适用于目标观众。广播稿在直播开始前会继续得到调整，并且要紧盯着其对时间的把控以及举到的音乐方面的例子，以便于播出的时候完全契合电视网给这个一小时的节目分配的时间，为插播广告留出间隙。伯恩斯坦最初需要把广播稿打印出来对照，后来开始使用提词器，不过他面对镜头时一直表现得很自然，在自己良好的外表和哈佛式的演讲风格中融入了诙谐和热情。他从容地在讲话、钢琴边弹奏实例（有时边弹边唱）和指挥之间转换位置，在登上指挥台的时候几乎只用一个动作向管弦乐团发出信号。这档节目一开始的时候是在周六午间进行电视直播，从 1961 年开始的六年时间里移到了黄金时段，后期改为周日午后。演出在 1960 年 3 月开始被录像，而随着这一项新技术的应用，伯恩斯坦每场演出都要进行两次——其中一次作为彩排——面向的是两波不同的观众。伯恩斯坦通常一年要做四期这样的电视节目，即使在他休假的 1964—1965 演出季也是如此。《年轻人音乐会》播出的时候伯恩斯坦自己的三个孩子正值童年——以他们为模板，伯恩斯坦知道了年轻人可能对什么感兴趣。

伯恩斯坦以女儿杰米提出的一个问题为灵感，创作了第 36 期节目"调式是什么"，于 1966 年 11 月 23 日（周三）播出。她有一次在弹吉他时遇到了困难，找不到一首甲壳虫乐队歌曲的和弦，于是向父亲请教；伯恩斯坦解释道，这是一首调式歌曲，这让它的和声不太一样。随着他继续往下解释，她建议父亲把这变成《年轻人音乐会》的一期节目。他沿用了一贯的模式，用问句作为标题，而后通过演讲和举例的方式用 50 分钟予以了解答。他在"调式是什么"开场时对大小音阶分别进行了解释，然后弹奏了选自德彪西（Debussy）的《夜曲》（*Nocturnes*）中的"节日"——这是一首调式作品，这期节目后来也以它收场，这样观众在再次听到的时候就能知道自己学到了多少东西。他每期节目都用一部作品作为基础，构建起观众对于当日话题的知识体系，随后对该作品重复演奏。他对调式的探索包括多里安（Dorian）、弗里吉亚（Phrygian）、利底亚（Lydian）和混合利底亚（Mixolydian），并通过钢琴和管弦乐团提供了很多实例。他认为和纯小调差不多的伊奥利亚（Aeolian）以及洛克里亚（Locrian）"并不令人满意"，也没有体现在什么音乐作品中，于是一笔带过，转向了伊奥尼亚（Ionian）调式，范例是贝多芬的《第五交响曲》最后三十秒的C大调庆祝。伯恩斯坦随后回到了德彪西的"节日"（Fêtes），这一次举出了音乐实例，指出在每一段旋律中听到的是哪一种调式。尽管观众是否真的可以辨别出每一种调式存有疑问，但是大多数观众至少知道他们在听不同的音阶，并对它们通常会和什么样的情感和音乐联系在一起有了大致的概念。

伯恩斯坦为《年轻人音乐会》带来了魅力，他对混合利底亚调式的讨论就是一个可以让我们窥得一二的绝佳例子。在解释利底亚调式时，他给出的最后一个例子是选自穆索尔斯基（Mussorgsky）的《鲍里斯·戈东诺夫》（Boris Godunov）第三幕的"波兰舞曲"；指挥演奏该曲之后，他坐在钢琴旁，弹出了混合利底亚的声音，并且鼓励观众在听到"那个奇怪的音符"时拍手。他随后阐释道，爵士和非洲-古巴音乐经常使用混合利底亚，并弹奏了一个典型的古巴重复乐段。之后，令观众欣喜的是，他弹奏了《我的宝贝做了不可名状之事》［1966年经汤米·詹姆斯（Tommy James）和桑德尔（Shondells）这个乐队演唱后风靡一时］的一个乐句以及《你真是俘获了我》［奇想乐团（The Kinks），1964］的几个乐句，并且两首都是边弹边唱。观众报以掌声，显然对于纽约爱乐乐团音乐总监猛击出摇滚乐的奇观颇感受用。伯恩斯坦随后弹奏了一小段《挪威的森林》（甲壳虫乐队，1965），强调了其中降低的第七级音，和他在其他例子中做的一样。他接下来转向德彪西的《沉没的教堂》(*The Sunken Cathedral*)的一个较短的选段,从乐器的低音区发出浑厚的声音。他使用的管弦乐例子是选自他自己的《自由幻想》的"丹松",可能有一点假公济私,不过这个活泼的选段将观众带回到他关于古巴音乐的调式这一出发点上,同时为针对混合利底亚调式的这一次卓有成效、颇受欢迎的解释画上了句号。

伯恩斯坦和爱乐乐团从1958年到1962年的电视节目播出计划受到福特汽车公司的赞助,其中有一些以成人为目标观众的演出,延续了他从前在《综合节目》中的节目类型。他的首期《林肯呈现》(*Lincoln Presents*)在1958年11月30日播出,接踵而至的是12月13日的《年轻人音乐会》,然后从1959年1月到3月又是三期《林肯呈现》——每一期的原创广播稿都朝着更深的层次进行了探究,这是在面向儿童时没法做的。其后还有11期电视节目,名字换成了《福特呈现》(*Ford Presents*),于1959年10月至1962年3月间播出,内容各异——有的是基于爱乐乐团在莫斯科、威尼斯、柏林和东京的巡演制作的节目,有的是对诸如"节奏""音乐中的浪漫主义"以及"戏剧卡门"这样的话题的探索。[1] 之后,福特终止了赞助,伯恩斯坦也决定就此打住,给他的朋友大卫·戴蒙德写信时谈

---

[1] 戈特利布编纂的《伦纳德·伯恩斯坦:他作品的完整目录,庆祝他的60岁生日,1978年8月25日》(*Leonard Bernstein: A Complete Catalogue of His Works, Celebrating His 60th Birthday, August 25, 1978*)(纽约,1978),第54页。

道，虽然这些节目"非常令人满意，并且带来了很多创意"，但他觉得它们占据了他太多的时间——本来应该用这些时间来作曲的。[1]

1961年1月22日播出的"音乐中的浪漫主义"是对这些节目的很好诠释，从中可以看到其和《年轻人音乐会》在意图方面的差异。伯恩斯坦跨越了音乐的疆界，而观众也需要具备大量的背景知识，或者至少需要愿意接受浪漫主义运动的广阔内涵。伯恩斯坦提及的有历史、绘画、舞蹈和诗歌，其中包括身着盛装的演员进行诗朗诵或表演舞蹈片段。他强调艺术家的创造者身份，并提出"浪漫主义的四种自由"：调性、节奏、曲式和音响。他比较了选自珀塞尔（Purcell）的《蒂朵与艾尼亚斯》（*Dido and Aeneas*）的"蒂朵的哀悼"中的巴洛克属性和选自瓦格纳的《特里斯坦与伊索尔德》中伊索尔德死亡时的音乐，特别具有启示性；他通过钢琴、纽约爱乐乐团和歌手列举的其他实例包括一首肖邦的夜曲、柏辽兹的《罗密欧与朱丽叶》和威尔第的《阿依达》（*Aida*）的选段〔后者由李奥汀·普莱丝（Leontyne Price）演唱〕、瓦格纳的《纽伦堡的名歌手》（*The Mastersingers of Nuremberg*）第三幕的四重奏以及理查德·施特劳斯的音诗《唐璜》（*Don Juan*）。这样的节目在当时的电视上实属前无古人。

---

[1] 伯顿，《伦纳德·伯恩斯坦》，第329页。

伯恩斯坦将自己一些节目的广播稿变成了书籍的章节，让自己对多个媒介都有所涉足。正如之前提到的那样，《音乐的欢乐》（1959）正是基于他的《综合节目》广播稿而来，同时收录了一些其他的文章。[1]《音乐的无穷多样》（*The Infinite Variety of Music*，1966）主要来自他的《林肯呈现》和《福特呈现》电视节目的广播稿。此外，他的一些儿童节目出现在《伦纳德·伯恩斯坦的〈年轻人音乐会〉》（*Leonard Bernstein's Young People's Concerts*，1970）里。[2] 他的助手杰克·戈特利布协助他完成了其中的一些出版物。

伯恩斯坦的视频事业远远超出他与纽约爱乐乐团的活动——当然，他和爱乐乐团也拍摄了大量的音乐会，现在依然可以通过DVD来收看。他和伦敦交响乐团、巴黎的各种演出群体、以色列爱乐乐团一起拍摄了音乐会，还拍摄了许多和维也纳爱乐乐团的演出。其他的视频包括一部关于他在1967年的"六日战争"后前往耶路撒冷的纪录片——《耶路撒冷之旅》（*Journey to Jerusalem*）；还有他对马勒的生活和音乐的思考——《小小鼓手男孩》（*The Little Drummer Boy*）。1967年4月25日播出了有他参演的一个非

---

[1] 伦纳德·伯恩斯坦，《音乐的欢乐》（*The Joy of Music*）（纽约，1959）。
[2] 伦纳德·伯恩斯坦，《音乐的无穷多样》（*The Infinite Variety of Music*）（纽约，1966）；伦纳德·伯恩斯坦，《伦纳德·伯恩斯坦的〈年轻人音乐会〉》（*Leonard Bernstein's Young People's Concerts*）（纽约，1961，修订及扩展版，1970）。

常棒的节目《流行乐的内在——摇滚革命》(Inside Pop — The Rock Revolution),由哥伦比亚广播电台新闻栏目制作。它以伯恩斯坦携一架钢琴及一部录像机开场,他在 20 分钟的时间里对流行歌曲作出了精彩回应,向他这代人予以了解释。他对有些举到的例子显然很喜爱,描述起来充满热情,另外一些就是用俯就的姿态来对待了,但是,当时还有哪一位古典音乐大师愿意如此开诚布公地讨论代际音乐差别,说明摇滚是怎么成为历史和音乐进程中的一环的呢?伯恩斯坦对于视频世界的接纳在当时的古典艺术家中实属罕见。

音频录制

伯恩斯坦与纽约爱乐乐团留下的唱片财富浩瀚无垠,若没有一本书的长度很难对其细节作出权威解读。正如之前提到的那样,他在 1950 年年初(即密纹唱片时代的拂晓)与哥伦比亚唱片公司签订了自己的首个唱片合同,开始以客座指挥的身份与爱乐乐团一起录唱片。1959 年,他与该公司签了另外一份合同,给了他自行决定录制哪些曲目的自由——这样的让步极为罕见——以及每年 45000 美元的版税保障。伯恩斯坦开始录制他治下的爱乐乐团演出中的部分作品,此外还有一些尽管可能无法在定制音乐会上出现但可能会畅销的曲子。这位指挥家和管弦乐队工作的录音场馆包括布鲁克林的圣乔治酒店、第 30 街录音室以及曼哈顿中心，通常是在晚上，因为这时车流较小——他们一天就能完成众多作品的录制，着实令人称奇。比方说，1960 年 2 月 16 日，他们在圣乔治酒店录制了马勒的《悼亡儿之歌》(*Songs on the Death of Children*)（参与的还有伯恩斯坦的老朋友、次女高音歌唱家珍妮·图雷尔）、普罗科菲耶夫的《彼得与狼》(*Peter and the Wolf*)（伯恩斯坦在 5 月 25 日录制了自己的解说）以及柴可夫斯基的《意大利随想曲》(*Capriccio italien*)，总计超过 90 分钟的音乐（加上解说）就这么问世了。[1] 仔细研读爱乐乐团的音乐唱片分类会看到，伯恩斯坦在担任音乐总监期间一直和他们进行录制，并在 20 世纪 70 年代和 80 年代延续了这样的实践，而且依然很频繁，最终在 1989 年终止——最后的作品是当年 10 月份在埃弗里·费希尔音乐厅现场录制的科普兰或柴可夫斯基专场音乐会。[2] 仅仅是把伯恩斯坦与爱乐乐团留下的唱片遗产中的作品按照作曲家顺序进行排列，就有差不多 12 页的长度，大约包括 450 首作品[3]，就一名指挥和管弦乐团的重要联系而言，这在唱片录制历史上数一数二。

---

[1] 詹姆斯·H. 诺斯（James H. North），《纽约爱乐乐团，授权音像，1917—2005：音乐唱片分类》(*New York Philharmonic, The Authorized Recordings, 1917-2005: A Discography*)（马里兰州拉纳姆，2006），第 122—123 页。
[2] 同上，第 268—269 页。
[3] 同上，第 344—356 页。

和所有的音乐事物一样，唱片既有深邃也有青涩的听众，会受到主观的评价。不过，和音乐会不同的是，它们永久成为音乐记录的一部分，供人们不断重新拾起、学习，可以使富有见地和成文的观点不断发展。就伯恩斯坦而言，他肢体语言极其丰富的指挥风格有时会让批评家失去兴趣，因为他们没法将注意力集中在作品的解读上，而面对音像制品时就只有声音和对音乐的阐释。伯恩斯坦通过唱片展示出，他在众多曲目的演奏上都是一位大师。按照时间顺序来看，对伯恩斯坦来说似乎独具匠心的第一位作曲家是弗兰茨·约瑟夫·海顿（Franz Joseph Haydn），特别是他后期的交响曲——他同时抓住了其中的宏伟壮丽和恶作剧式的幽默感。他广泛录制贝多芬的作品，和纽约爱乐乐团，和维也纳爱乐乐团都是如此，醒目地抓住了其音乐的烈度和激情。批评家经常诟病伯恩斯坦在浪漫主义时期方面的工作，认为他为了阐明自己的解读而使用不连贯的拍子，将曲子扭曲得不成样子，但是他抓住了这一时期音乐的主观性和跨度极为宽广的情绪，而他在柏辽兹、舒曼、瓦格纳和柴可夫斯基作品上的成功很大程度上正是出于这些因素。对于类似勃拉姆斯这样更加小心周密的作曲家，伯恩斯坦要学习的东西更多，不过他与维也纳爱乐乐团一起演奏这位作曲家的交响曲的成熟版本也是上乘之作。

进入到20世纪的领域，会看到伯恩斯坦几乎在每一个角落都游刃有余——除了一战后的先锋派他几乎没怎么录过。马勒是他的专长之一，完成得极好。伯恩斯坦认为他最重要的地方在于其犹太作曲家身份——尽管他后来皈依了罗马天主教——在处理他的交响曲和管弦乐队伴奏的歌曲时带着强烈的戏剧感。马勒的音乐自20世纪60年代以来重新受到关注，伯恩斯坦和其他一些音乐人物功不可没。伯恩斯坦具有无可挑剔的节奏感，对管弦乐的可能色彩解读到位，同时在读谱方面才华过人，这使得他在处理斯特拉文斯基、巴尔托克、肖斯塔科维奇、普罗科菲耶夫和西贝柳斯时得心应手。并且无论是对20世纪美国作曲家的音乐录制频率，还是对其音乐的理解，伯恩斯坦也都是一枝独秀。他的导师科普兰从伯恩斯坦对其音乐的热爱及对于阐释的热情中获益良多，不过格什温、舒曼、巴伯、戴蒙德、布利茨坦、艾夫斯以及其他的美国作曲家也共同构成了伯恩斯坦呼吸的空气。他对自己指挥和录制的音乐占有欲十足，有一次在指挥贝多芬时评价："如果我感觉不到自己就是贝多芬，我就是做得不好。"[1] 有些人可能会称其骄傲自大，不过这就是伯恩斯坦对于自己的艺术的投入，也是他浸染和占有他所解读的音乐的方式。

---

[1] 伯顿，《伦纳德·伯恩斯坦》，第303页。

伯恩斯坦和纽约爱乐乐团的批评家

如果有人担任当地一家交响乐团的音乐总监十一年之久，那么有批评家时常在媒体上对他的工作评头论足也就不足为奇了。在纽约这样一座城市，这样的审查将是紧张并可能是动辄争吵的。喜欢做出宏伟姿态、在节目编排上雄心勃勃的伯恩斯坦为批评家提供了一个巨大的靶子。当他接手总监职位的时候，《纽约时报》的音乐批评家是霍华德·陶布曼——他曾在1956年4月29日的一篇文章中公布了爱乐乐团在米特罗普洛斯治下的诸多问题。[1] 在接下来的几个演出季，这位希腊指挥家逐渐被排挤出了自己的位子也就不足为奇了。伯恩斯坦入主之后，纽约的批评家们对他予以了支持；比方说，陶布曼对他在管弦乐队的声音、节目编排以及扩大观众规模方面所做的工作予以了高度评价。[2] 他于1960年调任到《纽约时报》的戏剧批评部门，使哈罗德·C.舍恩伯格成为音乐演出的首席评论家。他对伯恩斯坦及其对爱乐乐团的领导抨击不断，成为20世纪60年代纽约音乐圈的一大谈资。我们的指挥家依然受到观众的欢迎，并且乐团也欣欣向荣，但是舍恩伯格的乐评反映的情况可不是这样。他不赞同伯恩斯坦对于19世纪作

---

1 陶布曼，"爱乐乐团——它到底怎么了以及为什么会这样"，《纽约时报》，1956年4月29日，第139页。
2 伯顿，《伦纳德·伯恩斯坦》，第293页。

5 "归根到底,我要成为一名指挥家!":爱乐乐团首席,1957—1969

品的解读,并且辩称优秀的单场演出要比围绕主题来组织演出季更为重要。[1] 在 1960—1961 演出季末段,舍恩伯格批评伯恩斯坦在爱乐乐团二十八周的演出季中只有前六周和最后六周担任指挥,认为乐团在客座指挥领导下演出的水准有所下降。他承认了伯恩斯坦身上的一些能力,但也嘲讽这位音乐家是"古典音乐界的埃尔维斯·普雷斯利(Elvis Presley)",其音乐会携带的是"演艺行业而不是音乐制作的氛围"。[2] 在谈论自己对伯恩斯坦在众多曲目方面的工作的想法之前,舍恩伯格用双枪对他予以轰炸:"有思想的人开始越来越多地抱怨伯恩斯坦先生在指挥台上滑稽古怪的动作,同时有思想的音乐家也开始越来越多地质疑伦尼[3]是不是永远都长不大。"[4]

1962 年 4 月,伯恩斯坦的朋友、钢琴师格伦·古尔德(Glenn Gould)给他出了一道难题——后者是一位聪颖但古怪的艺术家。他们当时正在演奏勃拉姆斯的《第一钢琴协奏曲》,古尔德想要打破惯例,演奏得更加轻柔,在第一乐章采用明显的缓慢节拍。伯恩斯坦没法说服古尔德放弃这样的做法,于是决定告知观众:艺术家可以对一场演出的某些方面持有分歧,但他们将使用古尔德的节拍。这样的

---

[1] 伯顿,《伦纳德·伯恩斯坦》,第 293 页。
[2] 舍恩伯格,"贪多嚼不烂:伯恩斯坦的众多活动让他没有多少时间投入到常规演出季中",《纽约时报》,1961 年 4 月 16 日,第 x9 页。
[3] 英文名中,伦尼是对伦纳德的昵称。——译者注
[4] 舍恩伯格,"贪多嚼不烂",第 x9 页。

处理并不是出于对古尔德的支持，不过伯恩斯坦可能觉得他自己的判断有可能遭到质疑。舍恩伯格对这场音乐会作出古怪的评论。在一个平常的《纽约时报》乐评标题之下，他装作自己是在给俄罗斯钢琴家和作曲家奥西普·加布里洛维奇（Ossip Gabrilowitsch, 1878—1936）写信，有时还故意使用蹩脚的英文，对伯恩斯坦在协奏曲之前的评论予以了讥讽，然后指出古尔德之所以喜欢缓慢的节拍是因为学艺不精。他把伯恩斯坦毫不留情地逼到死角："你知道吗，奥西普？我认为即使这位指挥发表了这样郑重的免责声明，也不应该让他这么容易就脱钩了。我的意思是，是谁最先聘用了这个古尔德男孩？音乐总监是谁？必须有人出来负责。"[1] 虽然伯恩斯坦不是没有过错，但舍恩伯格在这儿没有能够用负责任的方式恪尽职守。他也不是唯一总是攻击伯恩斯坦的批评家：《纽约先驱论坛报》的撰稿人阿兰·里奇（Alan Rich）也是一位时常不喜欢伯恩斯坦的指挥仪态和音乐阐释的乐评人。

艾伦·肖恩指出，伯恩斯坦在 1964—1965 演出季休假之后，舍恩伯格总的来说对他多了一些善意。[2] 事实上，当伯恩斯坦在 1969 年离开爱乐乐团的职位时，舍恩伯格允许他全身而退，称他学会了"在指挥经典曲目中的那些大

---

[1] 舍恩伯格，"音乐：格伦·古尔德的内在声音，钢琴师除了勃拉姆斯还弹奏了它们，伯恩斯坦的讲话给阐释提供了暗示"，《纽约时报》，1962 年 4 月 7 日，第 17 页。
[2] 肖恩，《伦纳德·伯恩斯坦：一位美国音乐家》，第 202—203 页。

作的时候，有形状、有色彩、有完整的结构，还有乐句处理上的自由。"[1]

爱乐乐团之外的伯恩斯坦，1957—1969

哈罗德·C. 舍恩伯格不止一次提到，伯恩斯坦在指挥爱乐乐团之外试图做的事情太多，而他从40岁到50岁出头的这些年间在客座指挥和其他方面工作的广度着实令人咋舌，其中包括两部主要作品的问世。这些经历以短片段的形式出现，穿插在伯恩斯坦的各项爱乐乐团职责之间，并且经常匆匆收场，让位于新的需要劳神费力的工作。

《西区故事》于1957年9月末开演之后，伯恩斯坦和妻子随即飞往以色列，赶场指挥特拉维夫的弗雷德里克·R. 曼恩音乐馆（即以色列爱乐乐团新的固定主场）于10月2日举办的开馆音乐会。这是伯恩斯坦自1953年以来首次回到以色列，而他在这里依然是一个英雄人物。与他一起共享此次节庆活动的还有一众世界级的独奏者：小提琴家艾萨克·斯特恩、钢琴家阿图尔·鲁宾斯坦以及大提琴家保罗·托尔特利耶（Paul Tortelier）。在那里的时候，伯恩斯坦后背受了伤。乐团赠予了他一支橄榄木的指挥棒，用它来指挥会让后背酸痛的他轻松一点；此后伯恩斯坦再

---

[1] 舍恩伯格，"伯恩斯坦带来了英雄式的告别——正式职责的告终可能会给他带来更加繁忙的生活"，《纽约时报》，1969年5月19日，第2/54页。

没有重拾从前惯常的不用指挥棒的风格。

1958年秋天，伯恩斯坦作为纽约爱乐乐团的音乐总监带来开演盛典，在此之后，他奔赴巴黎，和两支管弦乐团首次合作演出。与拉穆勒管弦乐团的两场音乐会是典型的伯恩斯坦式的：第一场包括斯特拉文斯基的《春之祭》（伯恩斯坦为十七名额外的音乐家自掏腰包！），在这支曲子1913年首演的城市完成了对其的演奏；然后是他在一场音乐会中对四首钢琴协奏曲近乎古怪的演奏：巴赫的第五首《勃兰登堡协奏曲》、莫扎特的《G大调K453》、拉威尔的《G大调钢琴协奏曲》以及格什温的《蓝色狂想曲》。之后不久，他与法国国家管弦乐团一起演奏了马勒的《第二交响曲》。批评界对于伯恩斯坦在巴黎的工作的回应褒贬不

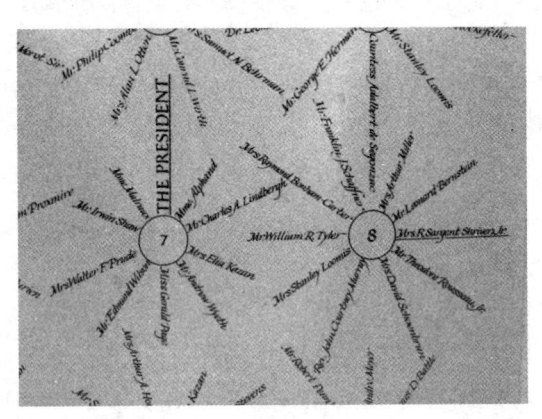

1962年5月11日为法国小说家安德烈·马尔罗而设的白宫晚宴——伯恩斯坦和妻子费利西娅出席。座位安排的细节图显示，伯恩斯坦的席位紧挨着总统。

一,不过法国的音乐世界很难没有这样的感觉:一阵旋风刚刚在他们这里登陆。他之后前往意大利的帕尔马,在那里指挥斯卡拉管弦乐团举行了纪念前一年逝世的托斯卡尼尼的音乐会。回国之后,这位爱乐乐团音乐总监宣布自己在第一个三年的合同期内再不会担当客座指挥,这是因为他在欧洲的工作让他意识到自己的乐团具备的高水准。

在为爱乐乐团工作期间,伯恩斯坦的剧场活动并没有完全停滞下来。1959年5月,他携妻子前往伦敦,观看了英国制作的《老实人》和《西区故事》,而后回国和家人在马萨葡萄园岛度了两个月的暑假。在全国巡演之后,《西区故事》于1960年4月27日在百老汇重新开演——作曲家伯恩斯坦在纽约的首演上指挥了序曲。一个月之后,伯恩斯坦和爱乐乐团以及《锦城春色》的部分原班人马为哥伦比亚唱片公司录制了该剧的配乐。

伯恩斯坦在20世纪50年代与约翰·F. 肯尼迪结为朋友,随着后者在1960年当选总统,这位音乐家成为白宫的常客。他是弗兰克·辛纳特拉(Frank Sinatra)邀请参加就职盛典的唯一一名古典音乐家。1961年至1962年秋天和冬天,伯恩斯坦先后出席了帕布罗·卡萨尔斯(Pablo Casals)那场著名的白宫音乐会和伊戈尔·斯特拉文斯基的80岁生日晚宴;与这两次事件重合的是他和肯尼迪一家的私人会面。1962年5月11日,伯恩斯坦再次出席白宫晚宴,这次是为了法国文化事务大使、小说家安德烈·马尔罗(André

Malraux)而设——此次晚宴上,伯恩斯坦坐在戏剧作家亚瑟·米勒(Arthur Miller)的夫人[英厄·莫拉特(Inge Morath)]和维和部队指挥萨根特·施里弗(Sargent Shriver)的夫人[尤尼斯·肯尼迪·施里弗(Eunice Kennedy Shriver)]之间。[1] 杰奎琳·肯尼迪(Jacqueline Kennedy)与伯恩斯坦接洽,表示希望在华盛顿建一座艺术中心,想让伯恩斯坦来担任艺术总监。[2] 在肯尼迪遇刺的时候,伯恩斯坦正在为自己的《第三交响曲》的编曲工作收尾,这促使他把该作品献给了自己的这位友人。11月24日,在总统去世两天后,伯恩斯坦指挥爱乐乐团在电视直播中演奏马勒的交响曲《复活》,以此向肯尼迪致敬。

1961年,伯恩斯坦和家人搬到位于公园大街895号拥有15个房间的顶层复式豪华公寓,足以证明他在物质方面的丰收。当年秋天,电影版的《西区故事》上映——尽管伯恩斯坦在这个项目中扮演的是边缘角色,但它极大地提升了他的名气,也让音乐剧《西区故事》及后续的演出成为伯恩斯坦利润最丰厚的项目之一。1962年2月28日,这对夫妻的第三个孩子妮娜降生。两周之后,伯恩斯坦与莉莉安·赫尔曼前往维京群岛,尝试着制作出一个改良版

---

[1] 约翰·F. 肯尼迪的文件(Papers of John F. Kennedy)。总统文件(Presidential Papers)。白宫职员桑福德·L. 福克斯文档。社交大事件,1961—1964(White House Staff Files of Sanford L. Fox. Social Events, 1961—1964)。大事件:1962年5月11日,晚宴,来自法国的安德烈·马尔罗(Events: 11 May 1962, Dinner, André Malraux of France)。座位安排,细节。
[2] 伯顿,《伦纳德·伯恩斯坦》,第320页。

的《老实人》，但最终一无所获。1962年，伯恩斯坦一家搬到了位于康涅狄格州费尔菲尔德的新家，这里也成为伯恩斯坦余生中除纽约之外的基地。这一家人尽可能多地团聚在一起，夫妇二人也喜欢招待密友。作曲家通过打壁球来保持身材，并且在中年的时候保持了对于心理分析的兴趣。

1964年1月22日传来噩耗：马克·布利茨坦在马提尼克被他在酒吧遇到的三名男子杀害。这对伯恩斯坦夫妇二人是可怕的损失，因为他们都把布利茨坦当作最亲密的友人之一。伯恩斯坦负责处理布利茨坦的庄园，并在葬礼上对自己的朋友致以哀悼。他称自己将完成布利茨坦未完成的歌剧《萨科和万泽蒂》（*Sacco and Vanzetti*）——不过这并未发生——同时提及这位作曲家留下了"长长一串美丽的失败作品"，在这样的场合说这样的话显得过于残忍，不过伯恩斯坦对待朋友和家人就是直截了当，有时着实伤人。[1] 伯恩斯坦在当年深冬和春天的一大成绩是在大都会歌剧院指挥威尔第的《福斯塔夫》（*Falstaff*）——这是他首次在那里作业，而这个全新制作的版本是由他的朋友佛朗哥·泽菲雷里导演和设计的。伯恩斯坦陶醉在与歌手和管弦乐队打磨细节的过程中，他对这个作品敏感的处理甚至得到了哈罗德·C. 舍恩伯格的积极评价——他认为"伯

---

[1] 伯顿，《伦纳德·伯恩斯坦》，第241页。

恩斯坦对于时间和节奏的把控显示出令人惊异的娴熟度",并承认"他对这个领域的理解不输眼前的任何人"。[1]

伯恩斯坦从1964年秋天开始休假。这段时间内,他和爱乐乐团有关的工作很大程度上只有他的《年轻人音乐会》。他打算创作的主要作品是一部新的音乐剧——基于桑顿·怀尔德(Thornton Wilder)的戏剧《九死一生》(*The Skin of Our Teeth*),是在与杰罗姆·罗宾斯、贝蒂·科姆登和阿道夫·格林合作中产生的想法。伯恩斯坦1964年的记事本上记录了从9月到年终与这几个人的多次会面,特别是与科姆登和格林二人,其中10月初在马萨葡萄园岛进行了一段集中创作,不过他们的合作最终在12月份破裂。[2] 伯恩斯坦和家人去了智利过圣诞假期,新年回到纽约,依然感到很沮丧。1月25日,他写信给大卫·戴蒙德:"伤口依然会阵痛。我突然变成了一个没有项目在身的作曲家,而黄金休假期的一半已经进了下水道。没事,我会挺过来的。"[3] 他为《九死一生》写的一些音乐后来成了《奇切斯特圣歌》这部美妙的合唱作品,完成于1965年2月到6月间。在假期剩余的日子里,伯恩斯坦开始构思另一个音乐剧项目,并花时间研究音乐先锋派,还接触

---

[1] 舍恩伯格,"歌剧:'福斯塔夫'被泽菲雷里搬上舞台",《纽约时报》,1964年3月7日,第12页。
[2] 莱尔德,《伦纳德·伯恩斯坦的〈奇切斯特圣歌〉》(*The Chichester Psalms of Leonard Bernstein*),大学音乐协会基金支持的美国音乐图书(纽约希尔斯代尔,2010),第9—12页。
[3] 西梅奥内,《伦纳德·伯恩斯坦书信》,第464—465页。

了几个小的项目。他在第二年秋天向《纽约时报》提交了一份充满诗意的休假报告，在其中活灵活现地描述了这一切。[1]

1966年冬天，在为爱乐乐团的工作间隙，伯恩斯坦带来了他在维也纳国家歌剧院的首秀，指挥的是《福斯塔夫》。他与维也纳爱乐乐团（当时该乐团也在歌剧院的乐池中）的联系就此开启，并将一路伴随他剩余的职业生涯。这对一个美国人来说极不寻常，对于一名犹太人来说更是如此——尽管在第二次世界大战以前的几十年间，有许多犹太人在这里取得成功，但反犹主义仍然是这座城市的一个标签。伯恩斯坦在二三月间畅享了五周的时光，有一次评论道，自己正深陷于一段"法外情"之中——他用过很多这样令人印象深刻的短语，经常带有性方面的意象——因为他与纽约爱乐乐团存有"婚姻"关系。[2] 这部威尔第代表作的制作一流，扮演剧名角色的是迪特里希·菲舍尔-迪斯考（Dietrich Fischer-Dieskau），而其3月14日的首演收获了30分钟的掌声、48次重返舞台的呼喊以及狂热的剧评。此行期间，伯恩斯坦还为《福斯塔夫》录音，并和维也纳爱乐乐团举办了一场音乐会。他之后前往伦敦，在两周的时间里和伦敦交响乐团以及不同的合唱班、独奏者一

---

[1] 伦纳德·伯恩斯坦，"我想了些什么……我做了些什么"，《纽约时报》，1965年10月24日，第2/17页。
[2] 伯顿，《伦纳德·伯恩斯坦》，第353页。

起合作，演奏了马勒的《第七交响曲》，还为《第八交响曲》录音。(他于 11 月份回到那里，和伦敦交响乐团一起录制了电视节目。)之后，指挥家匆匆返回纽约，准备 4 月 29 日戴蒙德的《第五交响曲》的首演。

1967 年暮春和夏天这个时段为我们深度解读伯恩斯坦提供了契机：一方面是从他对以色列的付出中，另一方面是从他的公共责任中——与家人在意大利安塞多尼亚度假期间，他与纽约记者约翰·格伦（John Gruen）以及摄影师肯·海曼（Ken Heyman）致力于一个图书项目的工作。当"六日战争"在 6 月 5 日爆发的时候，伯恩斯坦正在意大利筹备自己在佛罗伦萨和罗马的音乐会。他随后前往维也纳指挥马勒的《第二交响曲》，并利用这个契机为以色列红十字会募集善款。在此之后，他组织了一生中最高调的"大事件"之一：在战争结束后，他指挥以色列爱乐乐团举办了一场音乐会，地点设在耶路撒冷东北部斯科普斯山的一个圆形露天剧院，意在庆祝这座城市的"解放"——这显然是以色列方面的解读。6 月 9 日的演出中，他和独奏者艾萨克·斯特恩联袂带来门德尔松的《E 小调小提琴协奏曲》，并指挥了马勒的《第二交响曲（复活）》的最后三个乐章。这场音乐会受到大力宣传，并成为电影纪录片《耶路撒冷之旅》的主要部分，不过如果考虑到被征服的阿拉伯人的感受，它也带有争议。艾伦·肖恩指出，伯恩斯坦可能过于乐观，希望以色列接管耶路撒冷后能够带来以色列人与在那里居住的阿拉伯人之间和平共处的局面。[1]

最能体现伯恩斯坦的表现欲的可能是《伦纳德·伯恩斯坦的私人世界》(The Private World of Leonard Bernstein)这本书。[2] 在安塞多尼亚期间,伯恩斯坦花了数小时来录制与作家约翰·格伦的访谈,与此同时海曼抓拍着伯恩斯坦及其家人的照片,其中包括类似这样的私密瞬间:这位指挥在自己的盥洗室为开启新的一天做准备,或者狂躁地在镜头前扮怪相。查理·卓别林(Charlie Chaplin)和夫人欧娜(Oona)来伯恩斯坦家做客,激发了海曼的灵感——他详细地记录了这一晚的情况,包括音乐家和无声电影明星一起即兴表演一出歌剧的场景。正如伯顿所言,由于伯恩斯坦在这本书出版前没有足够仔细地去审查文字和照片,导致本来就觉得伯恩斯坦过于浮夸的批评家对他毫不留情,这样尴尬的结果其实并不意外。他给《纽约时报》写了一封信,对书中的一些方面予以了澄清。海伦·科茨发布了伯恩斯坦的官方回应,但正如伯顿所言,"这样的辩护实在太弱"[3]。这位音乐家在与格伦谈话时毫无保留,不应该对这位作家把它们当作素材感到惊讶。这一文本中收录了由伯恩斯坦本人提供的有用信息,特别是关于其事业早期阶段的情况,因此依然是一部略显怪异但又具有重要价值的

---

1 肖恩,《伦纳德·伯恩斯坦:一位美国音乐家》,第206页。
2 格伦,《伦纳德·伯恩斯坦的私人世界》(The Private World of Leonard Bernstein)(纽约,1968)。
3 伯顿,《伦纳德·伯恩斯坦》,第378页。

文献。

伯恩斯坦的两重世界在 1967 年纽约爱乐乐团庆祝 125 周年诞辰时发生交集。维也纳爱乐乐团当年也到了庆祝这一诞辰的时候,并在 10 月份来纽约访问,其间由伯恩斯坦和卡尔·博姆(Karl Böhm)分担了指挥的职责。12 月 7 日,伯恩斯坦的乐团举办庆祝盛典,复刻了该合奏团在建团第一场音乐会上的演出——这个节目单用现代标准来看极不寻常,其中包括一首胡梅尔(Hummel)的《钢琴五重奏》,伯恩斯坦弹的是他的乐器部分。1968 年 5 月,他重返维也纳,指挥了理查德·施特劳斯的《玫瑰骑士》这一深受维也纳人喜爱的作品。伯恩斯坦用自己的方式来处理曲谱及打造演出,尽管招致了一些人的批评,但似乎反而提升了他在奥地利首都的名气。此外,他和维也纳爱乐乐团一起演出,弹奏和指挥了莫扎特的《G 大调协奏曲 K453》,并带来了自己的《奇切斯特圣歌》在这座城市的首演。在一场马勒歌曲的演出中,他担任了瓦尔特·贝里(Walter Berry)和克丽斯塔·路德维西(Christa Ludwig)这一夫妻歌唱组合的合作钢琴师,此外还观看了《西区故事》在人民歌剧院的演出——这是他的朋友马赛尔·普拉威(Marcel Prawy)翻译的版本。

1968 年,杰奎琳·肯尼迪说服伯恩斯坦监管罗伯特·F. 肯尼迪 6 月 8 日在圣帕特里克大教堂的葬礼上的音乐,这成为揭示伯恩斯坦与流行音乐关系的一个时刻。对伯恩斯坦来说，这个任务难度十足，因为他缺乏他必然想要得到的那种控制权。他想阻止来自遗孀杰奎琳·肯尼迪（Ethel Kennedy）的一个请求：让流行歌手安迪·威廉姆斯（Andy Williams）演唱《共和国战歌》。在最后一次筹备会之后，伯恩斯坦还认为这件事不会发生，但后来它还是发生了，不过这位指挥也承认，这是这次仪式上效果最好的一个音乐选择。[1] 作为一名作曲家，伯恩斯坦自由地把玩爵士、蓝调以及拉美音乐元素，但他对面向和自己同龄的白人中产阶级营销的流行音乐兴趣寥寥。

伯恩斯坦的父亲在1969年4月30日过世，此时正值他为爱乐乐团工作的最后几周。这对这位音乐家来说无疑是一个辛酸的时刻。山姆和珍妮每年都要来纽约看望儿子一家几次，并且伯恩斯坦的这个大家庭总体上看起来联系紧密。虽然他的父亲反对他追求音乐事业，但在做心理分析的这些年间，伯恩斯坦很可能深度考量了他的父亲在自己的一生中扮演的角色。这位音乐总监调整了一场纽约爱乐乐团演出的节目单，以此缅怀山姆，包括献给父亲的《第一交响曲（耶利米）》以及深受山姆喜爱的舒曼的《第二交响曲》。这样的曲目单和他在爱乐乐团最后时期的演出中的其他选择相比显得中规中矩——他在大量的演出中都采用了巨型作品：布吕克内（Bruckner）的《第九交响曲》、贝

---

[1] 伯顿，《伦纳德·伯恩斯坦》，第373—374页。

多芬的《庄严弥撒曲》(*Missa solemnis*)、威尔第的《安魂曲》(*Requiem*)以及作为告别演出的马勒的《第九交响曲》。

作品：《第三交响曲（卡迪什）》与《奇切斯特圣歌》

"卡迪什"（1963）和《弥撒》（1971）都在伯恩斯坦个人印记最浓重的作品之列，并且很好地展现了他十足的复杂性。他的许多作品都横跨不同的音乐体裁——这两个作品在这方面无出其右——但是他把《弥撒》贴上"戏剧作品"的标签，等于承认它是自成一类的，从而避免了争论。"卡迪什"被伯恩斯坦称作是一首交响曲——这个体裁的定义在20世纪得到延展——但是没有几部带有这个标签的作品中可以看到一名作曲家融合了如此之多的元素。它包括了为一段重要的犹太祷告文谱的三首曲子，为独唱及/或合唱而作——这段祷告文每天都会被虔诚的犹太人诵读，"既是赞美的颂歌，又是对和平的祈求"[1]。它也是在坟墓边最重要的祷告词。这段祷告的文本主要是用阿拉米语写成，并非是希伯来语。从这个层面上来讲，这首交响曲是一部宗教作品，但是作曲家并没有在这里止步不前。其中

---

[1] 肖恩，《伦纳德·伯恩斯坦：一位美国音乐家》，第186页。

的管弦乐有一些是他一生最富有力量和变化的创作，从无调性、音列到类似出现在他百老汇音乐作品中的那种可爱优美的旋律都有。在有的地方，人声部分会比这样的管弦大杂烩更加重要，也让"卡迪什"听起来像是一部清唱剧，不过还必须考虑解说文本中的叙事以及其中反映的多种关切：死亡、核武器对星球潜在的毁灭、责难上帝缺乏对人类的关注、我们与上帝之间的关系（到底是谁创造了谁）、一种疲倦的高等生物在一个充满变数的宇宙中的无力感，以及一些别的问题。这首交响曲已经承载了所有这些层面的意义，然后呢，在伯恩斯坦为作品收尾的时候又发生了肯尼迪遇刺事件，于是他将其献给了倒下的总统。因此，一部作品究竟能表征多少个角度呢？

伯恩斯坦在写"卡迪什"时遇到了很大的麻烦。库赛维斯基基金会于1955年委托伯恩斯坦创作此曲，由波士顿交响乐团和查理·明希进行首演，不过那时候伯恩斯坦正忙于自己的百老汇项目，之后又开始在爱乐乐团履职。缓慢的工作开启，包括1962年6月在麦克道尔艺术村的三周。已经不再担任波士顿交响乐团指挥的明希希望能在1964年访问该乐团时指挥这首作品的首演。伯恩斯坦在1963年8月的前三周心无旁骛地完成了这部作品，但他认为这首曲子应当先于12月在以色列首演。波士顿交响乐团大方地答应了这一要求，于是伯恩斯坦于12月10日在特拉维夫指挥了这部作品，并在这里赢得了"经久不息的掌声和积极的媒体评价"——其中包括《国土报》(Haaretz)的撰稿人亚历山大·U. 博斯科维奇（Alexander U. Boskovitch），他称赞这是"一部伟大的人文和艺术文档""充分利用了我们这个音乐时代所有的优势"，展示了"对于音乐价值和技艺崇高的掌控"。[1] 在写给妹妹雪莉的信中，伯恩斯坦表示自己不知道美国观众是不是也能这么理解这首曲子。[2] 他的担心并非杞人忧天。这场在波士顿的交响音乐厅举行的美国首演——费利西娅·伯恩斯坦在其中担任了解说——在古典音乐圈炸开了锅，许多批评家认为将刺耳的解说文本与音乐搅和在一起听上去不太舒适，并就各种体裁的混合展开讨论。《纽约时报》的罗斯·帕门特对于文本有很多话要说，包括"诵读的部分实际上占据最重要的地位，以至于这部音乐作品差不多也可以被视为是一部文学作品"[3]。他觉得其中的音乐"要比文本更尽如人意，有不少节奏方面的创新。其中有令人激荡的高潮，很多的合唱乐段都很悦耳，此外音调的着色（比如天堂和与之相对的冰冷的拂晓的视觉）总是非常生动"。"卡迪什"有自己的拥趸，但在批评界毁誉参半，有一些评论家着实尖酸刻薄。

---

[1] 两处引文都出自"以色列为伯恩斯坦的作品鼓掌：他在特拉维夫指挥交响曲的首演"，《纽约时报》，1962年12月11日，第55页。
[2] 西梅奥内，《伦恩斯坦·伯恩斯坦书信》，第460页。
[3] 帕门特，"音乐：伯恩斯坦的《第三交响曲》：'卡迪什'在波士顿首演"，《纽约时报》，1964年2月1日，第12页。

对于叙事最强烈的谴责来自保守的基督教徒，他们无法理解犹太教允许信徒与上帝对峙的传统——可以在《约伯记》(Book of Job)中看到这一点。伯恩斯坦在20世纪60年代初期看到了这个世界上存在的很多问题，于是诉诸于上帝，请他给予解释。向一位父亲般的人物发难可能反映了一些他对自己父亲的情绪。尽管这首交响曲中传递的信息并不是面向所有人的，但是伯恩斯坦对于争议一点也不陌生。他曾尝试与诗人一起敲定文本，其中包括罗伯特·洛厄尔（Robert Lowell）和弗雷德里克·塞德尔（Frederick Seidel），但最终决定这个作品应该使用的是自己的语言。[1] 1977年，他对作品进行了大量修改，包括其中的解说文本。无论人们如何看待这首曲子，它仍然为我们窥探伯恩斯坦这个人及其内心提供了一个绝佳的视角。艾伦·肖恩指出，如果剪掉其中的解说部分，"卡迪什"将会成为"作曲家成熟期作品中的一座高峰"，不过同时承认，脱离解说文本来欣赏这样"高超的音乐"将会变得很困难。[2]

这首交响曲现在依然得到演奏，并且被录制过好几次，所以并没有离开曲目库。不过，这是一首超过40分钟的宏大作品，依然是一些听众无法敲破的一个硬核，并且管弦乐团演出起来费用也很高。他并不是20世纪60年代唯一

---

[1] 伯顿，《伦纳德·伯恩斯坦》，第336页。
[2] 肖恩，《伦纳德·伯恩斯坦：一位美国音乐家》，第188页。

在一部作品中把调性音乐和音列结合起来的作曲家,但这部作品无论是其中的人声还是管弦乐都很理想,在任何一个时刻都与叙事紧密相关。它由三大部分构成——乞灵、法庭仲裁和诙谐曲——每一部分可以进一步细分。祷告文本在每一个乐章中都会出现,第一次焦躁不安,第二次平和安详,最后一次欢欣鼓舞。交响曲从不和谐音转向宁静祥和,再到调性,划出了一道和声弧线——伯恩斯坦在自己音乐会作品中不止一次用过这样的整体规划,比如《奇切斯特圣歌》的第三乐章。"卡迪什"第二乐章中痛苦的"阿门"十分亮眼,其中包括为唱诗班而作的偶然音乐,随着叙述者祈求上帝宽恕自己的情绪爆发而逐渐消隐。紧随其后的"卡迪什 2"由女高音和管弦乐队来完成,十分悦耳,也预示了由女高音、合唱和管弦乐队共同完成的出彩的降 G 大调"卡迪什 3"。将前后的曲子连接起来通常会令人信服,不过也有一些地方的叙述和音乐发生了激烈竞争。人们会难免有此一问:用现有数量一半的文字是否有可能传递文本的意蕴呢?

《奇切斯特圣歌》在几个方面都让人想到"卡迪什",是为三篇完整的颂歌及其他三篇的部分内容谱的曲。这是伯恩斯坦最成功的音乐会作品之一,也是由美国作曲家创作的最受欢迎的合唱曲之一。[1] 1963 年 12 月,他接受了奇

---

[1] 参见莱尔德,《伦纳德·伯恩斯坦的〈奇切斯特圣歌〉》。

切斯特大教堂主任牧师瓦尔特·赫西（Walter Hussey）的委托，为圣公会合唱音乐年度节庆作曲——将于1965年7月在奇切斯特举行，由三个来自南方教堂的唱诗班演唱。伯恩斯坦当时没有想到自己会如何在休假时创作这首作品。一直到1965年2月，也就是他与《九死一生》的合作告吹几周之后，他才有了对这首曲子的想法。在这三个仔细架构在一起的乐章中，伯恩斯坦成功用上了他在20世纪四五十年代速写的主题音乐、一首在《西区故事》中废弃的歌曲以及他为最近这个已经死亡的戏剧项目写的曲子。把这些迥异的元素结合在一起，并且还要让它们与希伯来颂歌文本相宜，这既需要技艺，又需要运气——要知道，在最初创作这些音乐的时候，他脑子里是没有这些文本的。尽管伯恩斯坦从来都不避讳重新启用废弃的音乐，但在他的作品中很难再找到像《奇切斯特圣歌》一样如此依赖从前创作的音乐的作品。他坚持使用希伯来语的文本，这令赫西和圣公会的音乐家们感到诧异，不过这对一位犹太作曲家来说似乎并不反常。

伯恩斯坦于2月中旬到3月初这段时间写出了这部作品，并在5月11日写信宣告作品已经完成后不久就把这一钢琴/人声曲谱寄给了赫西。之后的夏天，他又对其进行了编曲并寄了出去。赫西邀请伯恩斯坦出席7月31日的首演，伯恩斯坦欣然接受，顺便带着费利西娅和他们前两个孩子到英国游历。从伦敦雇用的管弦乐队直到演出当天才首次演奏这个难度十足的作品,不过,正如伯恩斯坦在一封信中向海伦·科茨汇报的那样,教堂浑厚的音响效果抵消了这个问题,并且唱诗班也准备好了。[1] 尽管最初的演出得到的乐评褒贬不一,但这没有影响这首曲谱长久的成功。三个乐章相得益彰,而伯恩斯坦用一段五音符的母题旋律将整首曲子联系在一起——从《九死一生》的速写判断,这可能是驱动这部剧的旋律片段。这段母题旋律贯穿于整个第一乐章中,并出现在最后一个乐章的开篇和结束部分。第一乐章分为两部分:一首嘈杂、不和谐的合唱曲和一个 7/4 拍、不可抗拒的类似舞曲的乐段——前者是对"颂歌 108∶2"的谱曲,后者要求唱诗班吟诵整篇"颂歌 100"。除了 7/4 拍中段往后一点时的那一个片段,所有第一乐章中的音乐原本都是为《九死一生》所写。第二乐章更加偏向戏剧音乐,让"颂歌 23"和"颂歌 2∶1-4"形成鲜明的对照——前者配以悦耳的旋律,是伯恩斯坦在 20 世纪 50 年代所写,后来成为《九死一生》中的"春天会再来"这首歌;后者配以来自"混合!"中的音乐——这是一首狂暴的歌曲,被从《西区故事》的"序言"中剔除。(赫西确实说过,作品中可以包括一点"《西区故事》的暗示",而伯恩斯坦满足了他。[2])伯恩斯坦连结这两种想法的复调

---

[1] 伯顿,《伦纳德·伯恩斯坦》,第 349 页。
[2] 赫西在 1964 年 8 月 14 日给伯恩斯坦的信中写到这一点。参见莱尔德,《伦纳德·伯恩斯坦的〈奇切斯特圣歌〉》,第 22—23 页。

音乐片段效果尤其理想。终章开篇用不和谐音对母题旋律进行处理，驱除了上一乐章残存下来的恶魔，与《小夜曲》的最后一个乐章以及"卡迪什"的部分内容不无相似。这样的音乐被"颂歌131"那甜美的10/4拍配乐冲刷殆尽——这段曲子是基于伯恩斯坦20世纪40年代所写的一个初步想法而来。作品以轻声重复开篇的赞美诗收场，即"颂歌133：1"的配乐。由于教堂空间较小，遵照赫西的想法，伯恩斯坦写成了这部由弦乐器组、三把小号、三把长号、打击乐器和两把竖琴演奏的作品。他还准备了一个管乐器和打击乐器版本。唱诗班可以由清一色的男童高音构成，正如在奇切斯特一样，也可以是混合合唱。

和"卡迪什"一样，伯恩斯坦再一次从委托人那里偷走了首演，在7月中旬的时候就和纽约爱乐乐团演奏了这首作品；赫西除了批准其实别无选择。这样的行为显得专横跋扈，不过到了20世纪60年代的时候，伦纳德·伯恩斯坦知道自己是谁以及他做什么可以不用承担后果；离开爱乐乐团后，在生命的最后二十年间，他按照自己的节奏前行，继续展示着自己的天赋，与此同时也在不情愿地老去。

6 "我知道答案是'是'"：
盛名之下的生活，1969—1978

不再和纽约爱乐乐团拴在一起之后，伯恩斯坦开启了新的人生阶段，穿梭于各种重要项目之间。[1] 指挥依然融入在他的血液中，他也时常被委以重任，其中一项主要的新工作是拍摄现场音乐会，拍到能够在影院上映的水平。这类纪录片成为他创造的重要财富，其中有一些是在壮丽的场馆中对作品进行演奏，这样的呈现令人印象深刻。他喜欢宏伟的姿态，而这样的媒介能同时将音频和视频永久地保存下来，再合适不过。这一时期的主要创作项目都是庞然大物：《弥撒》（1971）、《附鬼》（*Dybbuk*，1974）和《宾夕法尼亚大街1600号》（*1600 Pennsylvania Avenue*，1976）。它们背后的创作故事曲折复杂，取得的成就也有高有低。

---

[1] 本章标题中的引文出自伦纳德·伯恩斯坦所著的《未回答的问题：哈佛的六次讲话》（*The Unanswered Question: Six Talks at Harvard*）（马萨诸塞州剑桥，1976），第425页。

这个阶段也出现了伯恩斯坦一生中最重要的学术项目：1973年秋天，他在哈佛大学举办了"诺顿系列讲座"。正如惯常的那样，伯恩斯坦热情洋溢，不过在这个过程中，他的音乐分析方法也产生了不小的影响。他在最后一场讲座上的结束语可以被视为他这个人生阶段的有力写照。他的讲座题为"未回答的问题"，基于他喜爱的艾夫斯的一首简短的哲理作品而来；在为讲座收尾的时候，他承认自己不再知道这个问题可能是什么，不过表示"我知道答案是'是'"。这就是此人的人生轨迹。尽管他会推掉一些项目，但他同意做的有可能依然超出常人的极限。他对指挥的投入度大多数人可能需要全职才能企及，而他完成的作品许多音乐作家可能需要一年或更长的时间来创作——还得是在没有其他事务打扰的情况下。此外，在这个阶段，伯恩斯坦开始追逐吸引他的男子，并且可能比以往更加频繁、更加认真，这给他的私人生活带来了麻烦。他在1976年离开了费利西娅，试图以同性恋的身份自居。后来证明这行不通，但当他试图与费利西娅和解的时候，她已经得了肺癌，遭受了十二个月的痛苦生活——伯恩斯坦将这样的厄运归咎于自己，招致了他悲剧式的人生终章。

向《弥撒》迈进

在接下来的两年中，伯恩斯坦在人生历程中迈出的不少步伐都指向了《弥撒》的创作——他为华盛顿特区的约翰·F. 肯尼迪表演艺术中心的开馆写了这部大型且个人印记浓重的作品。1966年6月，他接受了来自杰奎琳·肯尼迪的创作邀约。[1] 直到离开爱乐乐团后，他才真正开始创作这首曲子，大部分是在其1971年9月首演之前的那一年间完成的——尤其是从当年5月份开始，他在结束了一次漫长的欧洲指挥之旅回国之后变得健笔如飞。此人可谓是拖延大师，对《弥撒》的处理差点赶不上截止日期。

1969年春天，在自己最后一场纽约爱乐乐团音乐会结束后不久，伯恩斯坦前往维也纳，在纪念维也纳国家歌剧院百年诞辰的演出中指挥了贝多芬的《庄严弥撒曲》（Missa solemnis），这也反映出他在维也纳的音乐世界扮演着何等重要的角色。还在那里的时候，罗马就发出召唤，而后伯恩斯坦开始与佛朗哥·泽菲雷里就一个关于亚西西的圣方济各生平的电影项目展开合作。伯恩斯坦与这位意大利导演分别于6月在罗马、7月在康涅狄格进行了合作，写出了一些新的音乐，不过他们在10月份因为剧本的分歧分道扬镳，迫使作曲家将自己为《街头人》（The Street People）所作的部分音乐用到了《弥撒》中。此外，他与歌手/词曲作家保罗·西蒙（Paul Simon）在当年夏天就这个电影项目进行了短暂合作，也使得伯恩斯坦后来请求西蒙

---

[1] 伯顿，《伦纳德·伯恩斯坦》，第358页。

允许他把一组对句用在《弥撒》中。根据伯顿的描述，西蒙对伯恩斯坦写出的摇滚乐并不感冒，不过这两大人物能有过这么一瞬间的合作也足够梦幻了。[1] 由于肯尼迪中心的工期延误，《弥撒》的首演被推后至 1971 年 9 月，客观上帮了伯恩斯坦一把——他在创作方面的进展实在是缓慢。他还与以色列演员托普（Topol）合作，试图把贝托尔特·布莱希特（Bertolt Brecht）的戏剧《高加索灰阑记》(*The Caucasian Chalk Circle*) 改编为音乐剧，不过这个项目最终也是无疾而终。在《弥撒》已经火烧眉毛的情况下，伯恩斯坦似乎依然在四处晃荡，想要找到别的激动人心的工作来做。

《弥撒》是伯恩斯坦政治色彩最浓重的作品，而他构思这首曲子的时候也正是他在政治上相对活跃的时候。从 20 世纪 60 年代末开始，各种各样的事件将他与反战运动联系在一起。1970 年 1 月中旬，他组织了一场音乐会版本的贝多芬的《费德里奥》(*Fidelio*) 的演奏，起用了来自茱莉娅音乐学院和纽约爱乐乐团的学生独奏者——他认为这是适宜的，因为这部歌剧就是讲政治异议的。[2] 哈罗德·C. 舍恩伯格不喜欢这场演出，抨击伯恩斯坦选择和爱乐乐团用

---

[1] 伯顿，《伦纳德·伯恩斯坦》，第 386—387 页。
[2] 同上，第 388 页。作者引用了伯恩斯坦大约在这一时期在《年轻人音乐会》上的言论。

音乐会形式呈现这部歌剧以及使用经验欠佳的独奏者。[1]不过舍恩伯格对伯恩斯坦也给予了认可,表示他对《费德里奥》要比马斯卡尼的《乡村骑士》理解得更加到位——他刚刚在大都会歌剧院指挥了后者,担任舞台导演的是佛朗哥·泽菲雷里。在同一周的周三(1月14日),伯恩斯坦走进了一场政治风暴,之后数月的生活都受到直接影响,并且在和费利西娅的余生中不断被人重提旧事。

20世纪60年代期间,费利西娅·伯恩斯坦在政治上变得异常活跃。她是"纽约公民自由联盟"妇女分支的创始人,还是不少社会理想的强力支持者。和纽约社会上其他一些有钱的自由人士一样,她对黑豹(Black Panther)党员遭受的待遇感到悲伤——他们被单独关押,保释费用是天文数字,受到的指控是持有武器并且计划杀害警察及攻击机构。虽然这个组织及其历史依然富有争议,但后来经过八个月的审讯,所有的被告都洗清了指控。纽约的精英阶层成员纷纷为黑豹党筹募基金,其中就包括在伯恩斯坦的顶层公寓举行的一个派对;现场有九十多位客人,共筹集了10000美元,其中,我们的指挥家贡献了2000美元。[2]音乐家在爱乐乐团的排练结束之后才到场,此时派对已经

---

[1] 舍恩伯格,"音乐:音乐会'费德里奥':伯恩斯坦指挥爱乐乐团",《纽约时报》(*New York Times*),1970年1月16日,第32页。
[2] 伯顿,《伦纳德·伯恩斯坦》,第390页。

在进行当中。他与这个团体的"陆军元帅"唐纳德·科克斯（Donald Cox）讨论了黑豹党的目标和策略，而他们的对话也在第二天遭到《纽约时报》的社会编辑夏洛特·柯蒂斯（Charlotte Curtis）的讥讽。[1] 她引用了伯恩斯坦赞同科克斯时所说的"我彻底理解"——着实不常从一名中年、有钱的白人男子口中听到这个短语。[2] 次日的《纽约时报》在社论版堆积了对伯恩斯坦及派对上其他的有钱白人的指责，称他们是在"优雅地体验下层生活，令资助人和受助人同时蒙羞"。这篇文章还指责这些有钱白人嘲讽对小马丁·路德·金（Martin Luther King Jr）的纪念。[3] 对于伯恩斯坦来说，最坏的事情还没来：由于黑豹党的反锡安主义[4]立场，众犹太和公民权利团体连续数周在伯恩斯坦的公寓和音乐会门外举行抗议活动，指责他支持一个反犹组织。事实上，伯恩斯坦的锡安主义资质不容置疑。经费利西娅允许出席那晚的媒体人士中，有一位是讽刺家汤姆·沃尔夫（Tom Wolfe）——他于6月初在《纽约》这本杂志上发表了一篇恶毒的文章，指责伯恩斯坦夫妇赶的是"激

---

[1] 柯蒂斯，"黑豹党的哲学在伯恩斯坦家得到辩论"，《纽约时报》，1970年1月15日，第48页。
[2] 原文是"I dig absolutely"，其中用"dig"表示"理解"是俚语用法，来源于黑人英语。——译者注
[3] "在黑豹上错弹音符"，《纽约时报》，1970年1月16日，第38页。
[4] "锡安主义"由Zionism音译而来，即犹太复国主义运动。——译者注

进的时髦"。这篇文章后来收录在他的一部文集中。[1] 尽管伯恩斯坦确实在那天让自己成了活靶子,但是沃尔夫的文章时至今日已经不起推敲——在攻击白人自由主义者的同时,他对黑豹党人遭受的不公正待遇视而不见,这让这位作家在由此事件激起的种族问题上的立场大有问题。伯恩斯坦蒙受了深深的屈辱,不过这样的争议事件并不能阻止他表达自己的政治立场,正如他在第二年的《弥撒》中所做的那样。联邦调查局的埃德加·胡佛(J. Edgar Hoover)注意到了这一事件,命令他的手下以普通市民的口吻给伯恩斯坦写信,指责这位音乐家背弃了自己的宗教同胞。[2]

因结交黑豹党惹来的争议没有对伯恩斯坦的指挥日程造成什么影响——一直到暮春,指挥一直是他生活的主题。在他与爱乐乐团为期五周的演出季结束之后,他于2月中旬来到伦敦,同样用五周的时间在五个城市进行了巡演。他是安伯森公司演出影像系列的发起人——其中包括在圣保罗大教堂演奏的威尔第的《安魂曲》,这个版本令人印象深刻。1970年的时候,音乐会演出视频的未来依然是一团迷雾,不过在他之后的职业生涯中,伯恩斯坦和他的商业合作者都会悉心浇灌这个媒介。离开伦敦后,指挥家先后

---

[1] 沃尔夫的文章最先出现在《纽约》(*New York*)杂志上(1970年6月),后来在他的《激进的时尚和羞辱油嘴滑舌之徒》(*Radical Chic and Mau-Mauing the Flak Catchers*)(纽约,1970)中重新出版。
[2] 塞尔迪斯,《伦纳德·伯恩斯坦:一位美国音乐家的政治生活》,第116页。

前往巴黎、罗马、特拉维夫和维也纳，继续着自己的"贝多芬之年"——在罗马，和比吉特·尼尔森（Birgit Nilsson）在一档广播节目中带来《费德里奥》；在以色列，和以色列爱乐乐团演奏《第三交响曲（英雄）》；在维也纳，和爱乐乐团带来两场《第九交响曲》的演出，由安伯森摄制，之后会在哥伦比亚广播电台的电视节目《贝多芬的生日》中播出选段。回到美国之后，伯恩斯坦很快又指挥波士顿交响乐团演奏了《第九交响曲》，从而在两周之内和两个一等一的交响乐团一起演奏了同一首重要作品，这是世界上没有几个指挥家能够做到的。伯恩斯坦给维也纳音乐批评家弗兰茨·恩德勒（Franz Endler）写信，谈及自己携《第九交响曲》完成的这一次漫长旅程，后来在《新闻报》（*Die Presse*）刊登出来——其中，他谈到这首音乐作品的"魅力"以及"住在这个严肃、别扭、狂暴的男人体内那孩童般的精神"[1]。

5月份，他重返维也纳，迎来了他演艺生涯中一个值得大书特书的时刻：与维也纳国家歌剧院剧团一起在著名的维也纳河畔剧院演出《费德里奥》，这也是这部歌剧1805年首演的地方——伯恩斯坦在这一年早些时候已经在纽约和罗马为自己的演奏做了精心准备。安伯森对这一版的排练和演出片段予以了拍摄，用在了上文提到的哥伦比

---

[1] 转引自伯顿，《伦纳德·伯恩斯坦》，第395页。

亚广播电台视频中。和伯恩斯坦往常在维也纳取得的成功相比，这一次有过之而无不及——他指挥的这个版本参演的有格温妮丝·琼斯（Gwyneth Jones）和詹姆斯·金（James King），乐评人对此赞不绝口。

1970年夏天，伯恩斯坦重返坦格尔伍德，和小泽征尔、冈瑟·舒勒（Gunther Schuller）组成了三人领导小组。作为库赛维斯基的门徒，伯恩斯坦带来了开幕演讲，旨在激励这里的学生——他称自己导师的"核心路线"通向"不断的发现——这是一条神秘的路线，需要在音乐乐章中挖掘"[1]。《纽约时报》刊登了他的演说。这个在他的钟爱之地度过的夏天却并不太平——他从事导游工作的女儿杰米听说自己的父亲从前是同性恋，而伯恩斯坦对此予以了否认，并将这样的风言风语归咎为有些人对他的恶意中伤。

坦格尔伍德之后，1970年夏末，伯恩斯坦和小泽征尔率纽约爱乐团在日本进行了巡演，以此为他在《弥撒》上几乎徒劳无功的九个月画上句号。回到美国之后，他听说肯尼迪中心的主任罗杰·史蒂文斯突发心脏病。伯恩斯坦去医院看望他的时候，史蒂文斯告诉作曲家，他需要后者交出一部完成好了的作品，以供1971年9月开放新馆之用。伯恩斯坦决心完成这部作品，不过这需要他在一直到1971年暮春都安排得满满当当的客座指挥行程中找到空隙——其中包

---

[1] 伦纳德·伯恩斯坦，《发现》（*Findings*）（纽约，1982），第273—284页。

括1970年深秋和纽约爱乐乐团一起工作的五周，还有在欧洲的漫长的演出季，后者将横跨冬春两季的大部分时间。在这次巡演中，他开始与维也纳爱乐乐团一起制作马勒交响曲的音乐纪录片——他的完整拍摄项目包括与好几个管弦乐团合作完成的作品，这只是其中的一部分——并指挥这个乐团在十五天内进行了12场巡回音乐会，此外还再次在维也纳国家歌剧院指挥了《玫瑰骑士》并予以了录制。但他保证将在1971年夏天紧锣密鼓地完成《弥撒》。

1970年12月，伯恩斯坦在新罕布什尔州彼得伯勒的麦克道尔艺术村认真创作这首曲子；他沿用了《奇切斯特圣歌》的模式，让这部作品的多数内容来自从前创作的音乐。据伯顿叙述，他开始四处寻觅导演，曾把这首曲子带给杰罗姆·罗宾斯和弗兰克·科尔萨罗（Frank Corsaro）（一位著名的歌剧和戏剧导演），不过二人都拒绝了他。[1] 伯恩斯坦随后去了欧洲，等到1971年5月3日回国之后，他很快意识到自己已经陷入极为窘迫的境地——《弥撒》的排练在当年夏天就要开始，留给他的时间不多了。他最先做的一件事情是试着向菲利普·贝里根（Philip Berrigan）神父咨询——这是一位著名的反战人士，当时正在康涅狄格州丹伯里的图图中候审，罪名是计划绑架亨利·基辛格（Henry Kissinger）以及炸毁华盛顿特区的暖气管道。在一

---

[1] 伯顿，《伦纳德·伯恩斯坦》，第400页。

个小时的探视中，伯恩斯坦大部分时间都在向这位牧师描述《弥撒》，这并没有实现有效的讨论，不过他获得了埃德加·胡佛的关注：他给尼克松总统发信息，警示他远离《弥撒》的演出，因为其中会有拉丁文写成的具有煽动性的反战信息——他可能是指无处不在的"赋予我们和平"，弥撒经文中的"天主的羔羊"正是以这句话结尾。伯恩斯坦在联邦调查局的档案持续增长，这一次惹来是非的场景听起来有点像取自一部喜歌剧。[1]

伯恩斯坦在解决英语歌词的问题时想到了自己的妹妹雪莉——后者是一位剧院代理人，为他提出了一个有益的建议。她有一位客户是史蒂芬·施瓦茨（Stephen Schwartz），即当月开演的音乐剧《福音》（Godspell）的词曲作者。她建议伯恩斯坦去看一下演出，和施瓦茨碰个面。他们俩一起仔细研读了《弥撒》的速写，发现可以一起合作。伯顿指出，施瓦茨进入这个项目"真的是创造了奇迹"，他们展开了迅速而高效的工作。[2]

施瓦茨对这次合作的回忆很生动，和伯顿叙述的也有所不同。施瓦茨第一次与伯恩斯坦会面是在5月末或6月初。他了解到的是，伯恩斯坦想要在这部作品中向肯尼迪总统致敬，此外还要指涉一系列的议题：当代的政治问题、罗马天主教会的动乱以及伯恩斯坦在自己的职业生涯中经

---

[1] 塞尔迪斯，《伦纳德·伯恩斯坦：一位美国音乐家的政治生活》，第120—124页。
[2] 伯顿，《伦纳德·伯恩斯坦》，第403页。

常提及的与"信仰危机"相关的神学问题。施瓦茨表示，当他加入这个项目的时候，伯恩斯坦有一些音乐板块和想法的"碎片"；成型的情节尚未出现。[1] 据施瓦茨回忆："我觉得自己能够帮他把已有的概念框架化，为其提供一点戏剧性的推动力。"[2] 这个作品松散的故事可以概括如下：司仪神父陷入了与自己的教徒的挣扎，因为后者开始质疑自己的信仰以及教会的领导；而随着国教设下越来越多的圈套，这位主人公越来越不堪重负——他越来越复杂的祭服象征的正是这一点。最后，在圣餐环节，他把祭品扔到了地上并打碎了容器，开启了一个长长的疯癫场景，最终离开了舞台。演职人员中的一个男孩重复了开场的"一首简单的歌"中的内容，让这首主旋律回荡在大殿之中，重新点燃了所有人的信仰。

施瓦茨描述了那年夏天他们在《弥撒》上的工作是如何忙碌紧凑。伯恩斯坦奔赴洛杉矶协助《老实人》的复演，施瓦茨陪他同去。伯恩斯坦提供音乐，施瓦茨很快依此写出歌词。他回忆自己在好莱坞山间徒步行走，脑海里流淌的是伯恩斯坦的音乐，试验着往上填词；在此期间，警察紧盯着他，把这个披着长发、裸露着胸膛的年轻人当作一个嬉皮士——史蒂芬·施瓦茨为《弥撒》工作的时候才23

---

[1] 莱尔德，《史蒂芬·施瓦茨的音乐剧：从"福音"到"邪恶"以及其他》(*The Musical Theater of Stephen Schwartz: From 'Godspell' to 'Wicked' and Beyond*) (马里兰州拉纳姆，2014)，第46页。
[2] 同上，第47页。

岁。他们按照章节顺序一步步完成作品，没有多少时间来进行修改。施瓦茨回忆道，在原创演职人员录制以及1972年6月在大都会歌剧院上演之前，他都对一些歌词进行了重写；他们如此行事匆匆，这与创作一部百老汇音乐剧可谓天壤之别。正如施瓦茨所言，"如果你是在为最简单的百老汇演出工作……你应当经过工作坊、阅读和不同的发展阶段。歌曲将涌入，歌曲将流出，歌词将会不断被重写、修订，而这一切在创作《弥撒》时从未发生"[1]。

这首曲子不太应该成功。鉴于伯恩斯坦一再拖延且指挥事务缠身、演出是匆匆创作而来、配乐对各种元素兼收并蓄，加上作曲家没有与他身份相称的合作者并且拒绝编

华盛顿特区的约翰·F.肯尼迪表演艺术中心——伯恩斯坦的《弥撒》于1971年9月8日在这里首演。

---

[1] 莱尔德，《史蒂芬·施瓦茨的音乐剧：从"福音"到"邪恶"以及其他》，第48页。

辑修整方面的工作，当《弥撒》于夏末开演的时候，几乎注定会收获惨淡的结果。尽管许多评论家不喜欢这个作品，但总体上来看，剧评算得上是毁誉参半。

不过这是20世纪70年代初的事情。《弥撒》已经度过了难关，并且一直在打动观众。虽然伯恩斯坦确保自己是第一创作人，但也投身于一众才华横溢的合作者的包围之中：施瓦茨、导演戈登·戴维森（Gordon Davidson）、编舞阿尔文·艾利（Alvin Ailey）、设计师奥利佛·史密斯（Oliver Smith）、指挥莫里斯·佩雷斯（Maurice Peress）以及编曲赫希·卡伊（Hershy Kay）和乔纳森·图尼克（Jonathan Tunick），还要算上锡德·拉明——他为摇滚吉他和音响合成器的使用提供指导，后来还为其室内乐团版本编曲。罗杰·史蒂文斯帮助伯恩斯坦集结了一个超过两百人的演员阵容，让《弥撒》成为一个庞然大物，不过其演出方式着实能让一部分观众理解到位，从而尤为打动人心。伯恩斯坦将来自古典音乐的想法与百老汇、民谣、摇滚以及当时的其他曲风混合在一起，这颇具争议，不过，正如施瓦茨所言，伯恩斯坦"快人一步"，为"古典音乐前沿"的形成提供了助力。[1] 事实上，鉴于美国音乐在今日的状况——主要的管弦乐团会演奏带有摇滚曲风的作品，百老汇和电影配乐在多种风格间自由流动，艺术家跨越到其他

---

[1] 莱尔德，《史蒂芬·施瓦茨的音乐剧：从"福音"到"邪恶"以及其他》，第53页。

体裁已成常态——伯恩斯坦在《弥撒》中如此海纳百川就看起来颇具先见之明。

若随着这部曲谱做一次旅行，就会看到伯恩斯坦有意在风格方面走得有多远，与此同时带来大量的戏剧性并置。开场的"恳求主垂赐怜悯"由四位说话人的四声道发出，包括四位不同的独唱歌手，每一个人都在截然不同的伴奏声中带来迥异的旋律，而后随着司仪神父的吉他发出第一个和弦而陷入沉寂。他演唱了"一首简单的歌"——作曲家为这个颂歌文本配上了最动人的旋律。这些"1. 弥撒前的敬拜"旋律以一首爵士曲风的"哈利路亚"收尾——这首歌由20世纪60年代的"史温格合唱团（Swingle Singers）"来唱倒是挺合适。庆典式的"2. 第一进台经（回旋曲）"以街头乐队和歌手吟唱"前沿性的祈祷"开篇，听起来像是受到索萨、艾夫斯和其他一些人的影响。这个片段以"三倍卡农"的"主与你同在"收尾，是由九部分构成的带有模仿性的对位。"3. 第二进台经"由对"以天父之名"的欢愉活泼的谱曲开篇，再由合唱和器乐完成，之后反其道而行之，带来的是"无所不能的天父"这首压抑刺耳的众赞歌。紧随其后的是由双簧管带来的一首无调性独奏，名曰"顿悟"，在韵味上近似先锋派，引出了"4. 忏悔"，包括刺耳吓人的"我忏悔"、基于摇滚的附加段"我不知道"（其中包含了前一部分的主旋律）以及最后一首蓝调式的附加段"简单"，表达了对忏悔这一圣礼的质疑。"5. 第一沉思"听起来像是这部作品的第一大部分的结尾，由管弦乐队演奏，这段恳求意味浓重的曲子带有《奇切斯特圣歌》第三乐章以器乐开场的感觉。这段沉思的收尾要平和许多。

"5. 荣耀"由四部分组成：无从抗拒的5/8拍"荣耀属于你，天主耶稣"，由司仪神父和儿童唱诗班带来；基于摇滚乐的"最高荣耀"，由唱诗班带来；加了同样音乐的附加段"一半人"，以保罗·西蒙所作的文本开篇；最后是怀旧性的附加段"谢谢你"，由次女高音和器乐带来，基于的是古典音乐曲风。"7. 第二沉思"是一首现代主义作品，为管弦乐而作，基于的是贝多芬的《第九交响曲》的主旋律，并且有点让人想到阿尔班·贝尔格（Alban Berg）；"8. 使徒书信：天主之言"与之形成巨大反差，是伯恩斯坦向智利新民歌运动作曲家比奥莱塔·帕拉（Violeta Parra）的音乐的致敬。作曲家在一次出访南美洲时发现了这种与左翼政治联系在一起的曲风，而他正是通过这样的风格带来了《弥撒》中最富进步政治意味的音乐。紧随其后的是"9. 福音布道"，是为独唱、唱诗班和器乐而作，将游行乐队音乐和蓝调式的呼喊与回应大胆地混合在一起，呈现了一个大不敬的文本。后面的这两个乐章展示了伯恩斯坦的音乐能够何其紧密地遵循演说节奏。

下一个主要板块以"10. 我信仰"开篇，包括五个迥异的子部分："我信仰一个天主"，为唱诗班和管弦乐而作，伴随着令人不安的打击乐机械地呈现出来,嘲讽的可能是这样的信条的本质是死记硬背,并且不断以小片段的形式在大的板块中反复出现;附加段"没有信仰",咄咄逼人的独唱伴随着讽刺性的唱诗班,针对的是信徒个人的挣扎;附加段"赶快",混合了现代主义、蓝调曲风和民谣声音,有一位女独唱在此请求上帝赶快回来;附加段"没有终点的世界",一首基于民谣的独唱,由另一位女独唱完成,延续了之前的质疑情绪;还有附加段"我信仰上帝",一首由不敬的摇滚歌手和适当的器乐完成的独奏曲。司仪神父发出刺耳的呼喊声,要求大家祈祷,最终引出了为唱诗班和管弦乐而作的"11. 第三沉思"——这是在整部作品里最具戏剧性的音乐瞬间之一,是为"来自深渊"(颂歌131)这一文本谱的曲,桀骜不驯,其中包含偶然音乐的高潮,由唱诗班用不同的节奏喊出文本。"来自深渊,第2部分"构成了"12. 奉献礼",把"忏悔"和赞美诗"无所不能的天父"中的旋律连接起来,最终引出了器乐版本的音乐,其中管乐器较重,就像在之前的"以天父之名"中听到的那样。伯恩斯坦在"13. 天主的祷告"中展现了司仪神父每况愈下的气力——其中的第一乐章以自省的方式为这一著名的文本谱曲,剧中人物一边在钢琴上弹出旋律,一边以微弱的嗓音进行演唱。司仪神父随后唱出附加段"我继续",这是一首孤独的歌曲,让人想到《第二交响曲(焦虑年代)》的开篇。这首曲子以来自"一首简单的歌曲"的旋律收尾。

"14. 神圣"是为男童唱诗班和管弦乐队而作的庆典歌曲,紧跟着的是为司仪神父而作的一首独唱曲,讲的是有一首歌将要从他的灵魂中飞离;他的演唱以一个希伯来语文本结束,由唱诗班接过来——作为犹太人的伯恩斯坦在此短暂地将自己的宗教前景化。杰克·戈特利布就《弥撒》的犹太属性进行了令人信服的探讨。[1] 不经停顿即接踵而至的是"15. 天主的羔羊",正是在这个地方,一切对于和平的幻想都被越来越令人不安的音乐击得粉碎。"赋予我们和平"和"赋予我们慈悲"这两个文本不断重现,让司仪神父感到沮丧,最终引发了"蓝调诗节":"赋予我们和平"被压缩成了一个悲观的固定音型,独唱家和合唱都对其表达了质疑和政治抗议。司仪神父以打碎圣餐杯、碟的方式结束了这一部分,开启了"16. 小部分"。在这个长达14分钟的疯癫场景中,伯恩斯坦回顾了之前出现在该剧中的许多主旋律,与此同时,中心人物彻底崩溃,用一首歌对自己的信仰表示质疑,其中触及许多不同的情绪。虽然这是一个长片段,不过《弥撒》总长两小时,而司仪神父是通过作品中的大量篇幅才被逼到了这样的境地。他最终以全然崩溃的形象退场,祭服也不在身上了。紧接着便是整

---

[1] 戈特利布,"一场犹太教弥撒还是一场天主教成年礼",《与伯恩斯坦一起工作:一部回忆录》(*Working with Bernstein: A Memoir*)(纽约,2010),第133—137页。

部作品的结尾,可能来得太快了一些,不过简单的"17. 和平:圣餐"蕴含着巨大的能量。它以来自"顿悟"的双簧管独奏旋律开篇,随后,一个男孩回顾了"一首简单的歌"中的旋律,这也暗示着伯恩斯坦的"信仰危机"可能会因为孩子那天真无邪的信仰而得到化解。曲子传递到其他演职人员那里,最终传遍了整座礼堂。司仪神父返场,看上去恢复了活力,加入圣餐庆典中来。

论首演的招摇华丽,《弥撒》在美国音乐史上数一数二。伯恩斯坦庞大的作品和华盛顿的表演艺术中心的盛大开幕结合在一起,这让媒体觉得诱惑难挡,一众批评家在报纸、每周新闻期刊以及宗教和音乐媒体上对这部作品热烈讨论。正如彼得·G. 戴维斯(Peter G. Davis)所言,这部作品"在质疑者面前像待宰的鸭子一般"[1]。在《纽约时报》上,哈罗德·C. 舍恩伯格秉承着一贯对伯恩斯坦作品的暗淡观点——他表扬了能让人联想到伯恩斯坦的百老汇作品的"娴熟的轻量级音乐",但发现那些更严肃的音乐瞬间"做作薄弱",还炮轰伯恩斯坦好高骛远:"这是演艺圈的弥撒,出自一名疯狂留恋这里的音乐家之手。"[2] 赫尔曼·柏林斯基(Herman Berlinski)这位犹太人在由罗马天主教会出版

---

[1] 戴维斯,"伦尼的三副面孔:宗教作曲家。《弥撒》——近代很少有创意行为能冒这么多的风险并取得如此大的成就",《高度忠诚/音乐美国》(High Fidelity/Musical America),xxii/2(1972),第274页。
[2] 舍恩伯格,"伯恩斯坦的新作反映了他的百老汇背景",《纽约时报》,1971年9月9日,第58页。

的《神圣音乐》上从多个角度对《弥撒》予以了尖锐的谴责，这也反映出教会不愿看到他们神圣的文本被谱上曲子用在戏剧中。[1] 诺埃尔·戈曼尼（Noel Goemanne）在同一期刊的下一期中发文，不赞同柏林斯基将伯恩斯坦的作品与过去那些对弥撒的谱曲进行比较，认为作曲家从来没打算让自己的作品用于礼拜仪式。他认为作品传达了有用的信息，因为"尽管它如此让人震惊，但它……确实真实地描绘了这些日子在我们的教堂中发生的事情"[2]。雨果·科尔（Hugo Cole）在音乐期刊《节拍》上对这部作品的录音给予回应，称赞了伯恩斯坦"节约音乐手段"的意识以及配乐在节奏上的活力，认为其中的流行音乐曲风要比作曲家召唤来的古典音乐更加成功。科尔期望，随着时间的推移，《弥撒》中的"音乐创作品质"能变得更加清晰。[3]

数年间，《弥撒》的受众不断增多。据制片人罗杰·史蒂文斯汇报，在首演结束后，观众先是用三分钟的沉默向其致敬，而后欢呼声持续了半个小时。[4] 次年夏天，这部作品在肯尼迪中心进行了又一轮演出；而在纽约市，剧团经理索尔·哈洛克让《弥撒》在大都会歌剧院顺利上演，

---

[1] 柏林斯基，"伯恩斯坦的'弥撒'"，《神圣音乐》（*Sacred Music*），lxlix/1（1972），第3—8页。
[2] 戈曼尼，"开放论坛：富有争议的伯恩斯坦弥撒：另外一种视角"，《神圣音乐》，c/1（1973），第35页。
[3] 科尔，"伯恩斯坦：《弥撒》，一部为歌手、演员和舞者而作的戏剧作品"，《节拍》（*Tempo*）cix（1972），第58页。
[4] 转引自伯顿，《伦纳德·伯恩斯坦》，第406页。

为期一个月。到 1972 年 7 月，由原创演员录制的音像卖出了惊人的二十万张之多。尽管《弥撒》这个庞然大物上演起来不太容易，但是，若有机构想要发出宣言、表明态度，就会选择制作这部作品。这永远不会是伯恩斯坦的作品中演出最频繁的，但这是最能揭示他的人格、最具他个人印记的作品之一。作曲家在一次访谈中表示，这部作品由兼容并蓄、博采众长的形式带来的"惊喜"实则"源自深藏在他体内的某个地方"，而这也是他"一生都在书写的"作品。[1] 不过，在这次访谈中他最振聋发聩的言论应该是他接下来的那句："不过从某种意义上来说，任何人最新的一部作品都是如此——如果这是一部重要作品的话。"[2]《弥撒》这样"最新的一部作品"确实是一部重要作品，并且是箭在弦上不得不发。作曲者已经挖掘得足够深，孕育的是一部鸿篇巨制，这也正是他需要做的。伯恩斯坦那打磨精良的戏剧感很少得到如此之多的公众关注。

哈佛系列讲座

《弥撒》首演的时候，伯恩斯坦 53 岁。无论这首曲子

---

[1] 希拉·舒尔茨（Sheila Schulz），"伦纳德·伯恩斯坦带着高度忠诚讨论自己的弥撒"，《高度忠诚/音乐美国》，xxii/2（1972 年 2 月），第 68—69 页。（文章标题中的"高度忠诚"很可能是一语双关，因为这也是期刊的名称。——译者注）
[2] 同上，第 68 页。

还能被解读成什么，它都是他一生中最放飞自我的作品，而在他的余生中，无论是在公众项目还是在私人生活中，他似乎都愈加遵从自己的欲望和想法。

在洛杉矶准备新版《老实人》以及与史蒂芬·施瓦茨一起为《弥撒》忙碌期间，伯恩斯坦遇到了一家古典音乐电台的音乐总监汤姆·科思伦（Tom Cothran）。他们就此开启了一段长期的交往——科思伦以助理的身份被伯恩斯坦的家人、朋友和同事接纳，不过后来也成了伯恩斯坦和妻子之间的障碍。他为伯恩斯坦的工作职责之一是担当诺顿系列讲座的研究助理，并因此从安伯森领取薪水。

尽管诺顿系列讲座近在眼前，但在1972年秋天赶赴剑桥之前的一年间，伯恩斯坦依然忙于指挥和拍摄，其中包括一些斯特拉文斯基也参与的项目，令人印象深刻——后者于1971年逝世——还有在欧洲将马勒的作品拍成音乐电影。伯恩斯坦在1972年夏天取消了两个歌剧项目，但履约让《卡门》于秋天登陆纽约的大都会歌剧院——无论是演出还是录制的音像都取得了巨大成功。这是他加入德意志留声机公司后发行的第一张唱片——这一签约发生在他离开哥伦比亚广播电台唱片公司之后，因为他感觉自己在那里不再受到赏识。他的新东家出于对盈亏总额的担心，要求伯恩斯坦帮着支付《弥撒》的录制花销，不过这张专辑卖得很好。作曲方面，伯恩斯坦忙于自己的芭蕾舞剧《附鬼》和百老汇音乐剧《宾夕法尼亚大街1600号》的创作，这将在下文中得到描述。

1972—1973学年，他担任哈佛大学诗歌方向的查尔斯·艾略特·诺顿教授（Charles Eliot Norton Professor of Poetry）。这是伯恩斯坦最具代表性的荣誉之一；在他之前获此殊荣的作曲家包括斯特拉文斯基、欣德米特、科普兰、查韦斯和塞欣斯。按照计划，他应当在这两学期的不同时间点上待在校园里，做六场讲座，并与学生座谈。不过他对自己的其他职责也割舍不下，在别的项目上连轴转，所以最后没有能在一学年内完成自己的所有讲座。哈佛允许他将讲座推后，到1973年秋天完成即可，伯恩斯坦也将它们变成了多媒体的奢华盛宴。经他新的经纪人哈利·克劳特（Harry Kraut）的运作和安排，这些讲座以书籍的形式出版，以密纹唱片的形式发行，并在公共电视上播出，不过伯恩斯坦得自己负担电视制作的费用。[1] 他和波士顿交响乐团拍摄了录音实例，在讲座期间进行了展示。到1973年5月，讲座的大部分工作已经完成。他于10月9日在剑桥能够订到的最大的剧院（1500个座位）开讲，也就此开启了为期六周的一场马拉松——在此期间，他将对每场讲座都进行一次彩排，其后向现场观众进行展示，次日再为电视进行录制。它们都很长——最后一场算上中间的一次间歇足有四个小时——他大多数时候都是凭着自己的记忆，

---

[1] 伯顿，《伦纳德·伯恩斯坦》，第416页。

不过文本也会显示在提词器上。

从诺顿系列讲座中可以看到伯恩斯坦诸多的音乐兴趣和音乐哲学。他将诺姆·乔姆斯基（Noam Chomsky）的语言学理论应用到了诸如和弦、乐句、终止式和曲式这样的音乐结构中，构建起自己的论证基础。这样的方法具有争议，不过也没有多少音乐解析能够得到专业人士的一致认同。这种方法的重要性在数年之后得到音乐理论家的认可，由此可见伯恩斯坦的超前性。时至今日，伯恩斯坦在这些讲座中的众多描述和分析依然引人入胜，特别是在20世纪音乐方面。伯恩斯坦为严肃音乐家提供了一个可借鉴的模板，示范了如何在音乐讨论中既不屈尊降贵又能拉近与观众的距离——音乐家在面对普通大众时通常要采用折中的做法。讲座中对大量的作品赋予了强有力的关注，仍然具有很强的启发性——当然，也有些矫揉造作的地方。

除去将语言学模式与音乐联系在一起，伯恩斯坦的诺顿系列讲座还构成了他对20世纪作品中调性的最严肃的捍卫——这也是在他自己的创作成品中占据主导地位的一个关切点。对于伯恩斯坦来说，斯特拉文斯基在作曲家中享有英雄般的地位，因为他写出的作品既保持了一个中心音阶，又始终具有现代性、贴近时代。伯恩斯坦基本上接受了斯特拉文斯基与勋伯格（Schoenberg）是正负极关系的这一普遍观点，并且在对勋伯格的无调性音乐工作进行批驳的时候会比大家普遍接受的分析路径走得更远。伯恩斯坦对于当代音乐的执迷几乎在每个可以找到的地方都显示出含混性：旋律、和声、曲式、节奏、拍子和音程建构。正是因为伯恩斯坦追寻含混性，他才为现代音乐的复杂性描绘出了一幅有益的画卷。

《附鬼》

伯恩斯坦创作生涯中的下一部重要作品是他与杰罗姆·罗宾斯合作的第三部、也是最后一部芭蕾舞剧，主要是在1973年和1974年年初完成的。和以往一样，他身体内住着的作曲家必须为其他众多活动腾出空间。1973年1月，尼克松总统的就职音乐会在肯尼迪中心上演；与此同时，伯恩斯坦在华盛顿大教堂的三千名观众面前指挥了海顿的《战争时期的弥撒》(*Mass in Time of War*)，教堂外还有数千听众，由此发出了反对越战的强力宣言。5月末、6月初，伯恩斯坦带着全家人来到罗马，与教皇保罗六世进行了会面；之后，在一场电视直播的音乐会上，他在教皇面前指挥了 J. S. 巴赫的《圣母颂歌》(*Magnificat*) 和《奇切斯特圣歌》。这年夏天的其他活动包括：出席在维也纳上演的一版由他的门徒约翰·毛切里 (John Mauceri) 指挥的《弥撒》；在以色列为联合电信公司拍摄两首勃拉姆斯交响曲的音乐电影；在爱丁堡音乐节上与伦敦交响乐团演奏马勒的《第二交响曲》,并且随后在剑桥附近的伊利大教堂拍摄了那个激情澎湃的版本。那个夏天,他忙于诺顿系列讲座和《附鬼》,以致没能在坦格尔伍德教学。11月末,伯恩斯坦出席了由哈尔·普林斯改编的《老实人》的试演,并弹奏了钢琴——这部剧后来在百老汇上演了740场。伯恩斯坦对于许多原来的音乐被移除并不满意,不过普林斯的理念是在内部翻修过的剧院中营造出一种类似马戏团的氛围,让剧情在观众之中或其周围展开,这也带来了《老实人》在纽约最长的一次连续演出。

芭蕾舞剧《附鬼》是对伯恩斯坦的犹太人身份的有力印证,并构成了他对自己的宗教背景的最有力宣言之一。自20世纪40年代开始,他就一直考虑与罗宾斯一起合作完成这部芭蕾舞剧。[1] 70年代的工作进展缓慢,这是因为这位反复无常的编舞家难以最终敲定自己的想法。他们的这部剧是基于S. 安斯基(S. Ansky)的意第绪语戏剧《附鬼》而来——该剧于1920年首演,深深地打动了犹太观众。它涉及两个年轻人之间一段不可能的感情——在出生之前,他们的父亲就为他们定了亲。男孩死了,之后变成一个附鬼,占据了他恋人的灵魂。当女孩也死了之后,他

---

[1] 1947年,伯恩斯坦在巴勒斯坦向一位记者提到过这部作品的可能性:亚瑟·D. 霍尔兹曼(Arthur D. Holzman),"巴勒斯坦为年轻的美国作曲家创作新的芭蕾舞剧提供灵感",《波士顿每日环球》(*Boston Daily Globe*),1947年6月2日,第10页。罗宾斯也在1958年10月13日给伯恩斯坦的信中提到了这部剧(西梅奥内,《伦纳德·伯恩斯坦书信》,第408页)。

们二人的魂魄在来生得以相聚。这部剧充满犹太神秘主义，并带有众多卡巴拉的印记——伯恩斯坦从这个由深奥的教义构成的领域出发，构建起自己曲谱中的音阶结构。他将卡巴拉中的符号转化为数字，让它们和不同的音程联系在一起，从而构建起音列。除了显而易见的犹太影响，伯恩斯坦在50分钟的配乐中还着力往自己对斯特拉文斯基的认知倾斜，其中包括比他年长的这位作曲家对于八分音阶的钟爱；此外，他让男高音和男中音独唱家来演唱希伯来语的文本，整体而言创作出了自己成熟期风格的一个绝佳代表。首演之后，伯恩斯坦制作了两首管弦乐套曲，其中第一首充分展示了犹太元素和歌唱部分，第二首收录了芭蕾舞剧中用来描绘通灵世界的那些更加抽象的音乐。作曲家于1975年4月在不同的音乐会上和纽约爱乐乐团一起带来了这两首套曲的首演，不过自那以后它们鲜有露面的机会。批评界对于这部最初名为《附鬼变奏曲》（*Dybbuk Variations*）的芭蕾舞剧的回应是积极的，不过这部作品一直不受大众待见，即便是罗宾斯在1975年和1980年两度重新编排后依然如此。

1974年春，伯恩斯坦一家搬到了他们最后一处住址，即位于72街中央公园西的著名的达科塔公寓楼——约翰·列侬（John Lennon）和小野洋子（Yoko Ono）曾在这里居住，并且列侬正是于1980年在公寓外遇刺身亡。妮娜是唯一一个留在家的孩子。伯恩斯坦还在顶层购下一间小公寓，

成熟期的伯恩斯坦用标志性的姿势进行指挥。

当作自己的录音室。此后不久,费利西娅经历了一场乳腺癌风波,不过仅限她的家人和朋友知道;在切除乳房后,她逐渐恢复健康,但这只是暂时的缓解。[1] 伯恩斯坦自己也在1974年夏天因为呼吸不畅短暂入院,不过还是很快重新投入到疯狂的活动当中——在坦格尔伍德教学和指挥;

---

[1] 塞克雷斯特,《伦纳德·伯恩斯坦:一生》,第339页。

在中央公园的十万观众面前指挥纽约爱乐乐团演奏马勒的《第五交响曲》；随后和该乐团开启在新西兰、澳大利亚和日本的巡演，和纽约爱乐乐团的总监皮埃尔·布莱（Pierre Boulez）分担指挥职责。他一边和阿兰·杰伊·勒纳（Alan Jay Lerner）为《宾夕法尼亚大街1600号》工作，一边在纽约和欧洲指挥，直到1975年到来为止。这一年值得大书特书的是他和一群巴黎音乐家在巴黎著名的荣军院教堂举办柏辽兹的巨作《安魂曲》的音乐会并拍成了电影。

《宾夕法尼亚大街1600号》

百老汇是个残酷的行当。大多数的演出都惨淡收场，一个人过去的成就再高，也无法保证其未来一定能再造辉煌。若一部剧的配乐是《西区故事》的作曲家完成的、歌词和剧本是《窈窕淑女》（My Fair Lady）的作者担纲的，那么人们可能会觉得它取得成功的机会很大；不过，在通往首演的道路上，这部剧的基调变得过于说教，故事也过于晦涩难懂。伯恩斯坦于1975年9月回到纽约为本剧收尾，不过制作人阿诺德·圣-苏伯（Arnold Saint-Subber）已经离开了这个项目，因为他似乎无法解决勒纳的剧本存在的问题。伯恩斯坦的朋友罗杰·史蒂文斯和罗伯特·怀特黑德（Robert Whitehead）补上了这个缺口，但也不太愿意在没有可行的剧本的情况下继续冒进。[1] 勒纳吸引可口可乐公司投资了大多数所需的资金,从而"拯救"了这个项目——根据合同,该剧必须要在百老汇开演。因此,无法以取消演出来威胁这位作家对剧本作出修正。

《宾夕法尼亚大街 1600 号》建立在只用四名演员来刻画众多美国历史人物的基础之上:不同的总统、第一夫人以及奴隶/仆人。自由派的作者向他们的同胞就美国的种族问题进行说教,这是一个笨拙且复杂的想法——可能并不是一个坏点子,不过肯定不是 1976 年春天那些正在准备迎接美国建国 200 周年庆典的观众想要听到的。伯恩斯坦有一次要罗宾斯来看一下演出并提供一些可能的帮助,不过他的这位老搭档表示它已经没救了。排练和纽约城外的试演都暴露出很多问题。《宾夕法尼亚大街 1600 号》于 1976 年 5 月 8 日开演之后迎来的是灾难性的剧评,在仅仅演出七场之后就下线了。伯顿将该剧称为伯恩斯坦"职业生涯中最惨痛的失利"[2]。伯恩斯坦对此感到非常沮丧,甚至都拒绝为他的配乐录制唱片。他和费利西娅一起去了墨西哥度假,以此来抚平自己的伤口。

尽管这部音乐剧不尽如人意,但它中间还是有那么几

---

[1] 埃莉萨·格林·哈伯特(Elissa Glyn Harbert)在她的学位论文中对《宾夕法尼亚大街 1600 号》作了出色的研究:"记住革命:美国建国 200 年前后表现早期美国的舞台和银幕作品中的音乐"(Remembering the Revolution: Music in Stage and Screen Representations of Early America during the Bicentennial Years),博士论文,(美国)西北大学(2013)。
[2] 伯顿,《伦纳德·伯恩斯坦》,第 433 页。

个展现伯恩斯坦和勒纳才华的瞬间——"伯恩斯坦遗产"在1997年发行了《白宫康塔塔》(White House Cantata),让这部剧大部分的配乐都以音乐会的曲式得到演奏,由此也可以欣赏到这些曲子。在三年后发行的一张唱片中,这部作品的歌剧潜能通过歌手托马斯·汉普森(Thomas Hampson)和琼·安德森(June Anderson),加上由坎特·长野(Kent Nagano)指挥的伦敦交响乐团得到凸显。[1] 汉弗莱·伯顿指出,在《宾夕法尼亚大街1600号》中,作曲家"只是间歇性地以最高的创作水准工作,其自负程度令人震惊"[2],而这张唱片证明他这样的评价过于严苛。伯恩斯坦和勒纳在配乐中的许多地方都创意十足——描述人物和戏剧场景的歌词诙谐俏皮,曲子则全方位取自作曲家不拘一格的灵感源泉,此外经常会出现对爱国音乐风格的机智戏仿——伯恩斯坦对其的使用兼有严肃和讽刺的色彩。类似国歌的"照顾好这座房子"成为唯一一首在这部剧之外被人熟知的歌曲——这是伯恩斯坦最具抒情意味的创作之一,庆祝的是最好的美国与对民主的向往。在剧中,第一夫人将这首歌唱给仆人的非裔美国人儿子听,有力地证明每个族裔的成员都是美国的一部分,黑人和白人都怀有希望与梦想。开场的音乐序列"波托马克河边的十平方英

---

[1] 《伯恩斯坦:白宫康塔塔》(Bernstein: A White House Cantata)(德意志留声机公司 289 463 448-2, 2000), CD。
[2] 伯顿,《伦纳德·伯恩斯坦》,第433—434页。

里"中的歌词巧妙、音乐令人愉悦,将当年的妥协戏剧化——弗吉尼亚州和马里兰州各拿出一块地,这才划定了这个国家的首都。伯恩斯坦使用了密集的对位法来尽可能地模仿截短的政治辩论,并为勒纳那无视美国历史、放肆而心照不宣的歌词提供了热情奔放的音乐。《老实人》中那个戏仿多种音乐类型的作曲家在"宏大悠久的政党"这首合唱曲中复活——这首歌的歌词同样掷地有声;此外,"单人完成的二重唱"是一个绝佳的音乐剧片段,由一人分饰两位第一夫人的女演员演唱。《宾夕法尼亚大街 1600 号》的惨痛失败让伯恩斯坦的配乐作品受到埋没——这其实是他的一部重要作品,在有的地方十足惊艳。

《歌唱大会》

伦纳德·伯恩斯坦在《歌唱大会》(*Songfest*)中浮现出的个人轮廓颇耐人寻味,同时可以看到作为男人和作为音乐家的他——这部作品的问世要部分归功于他和汤姆·科思伦的恋情。[1] 这是伯恩斯坦的建国 200 周年庆典音乐会作品,将来自 17 至 20 世纪美国作家的诗作聚合到一个套曲中来,由六名不同的歌手和大型管弦乐队完成。伯恩

---

[1] 科思伦的手出现在伯恩斯坦在创作《歌唱大会》前的笔记中的一页上。国会图书馆,伦纳德·伯恩斯坦全集,2073/24 盒。

斯坦和科思伦一起读诗,一起选诗。许多乐章似乎是伯恩斯坦当时生活的写照,而这也是一部大获成功的音乐作品,不过演奏需要的大量独唱者以及伯恩斯坦对于管弦乐的大规模使用严重限制了这首作品能被听到的次数。整部作品的首演于1977年10月11日在华盛顿特区进行,由作曲家指挥国家交响乐团完成。

《歌唱大会》是展示伯恩斯坦为人声创作的天赋的一个绝佳例子,而管弦乐为他对于诗歌的阐释提供了有力支撑。他再次任性地将多种音乐风格糅在一起,缝出了一张令人难忘的音乐床单——其中包含了十三首诗歌,分别被安放在十二个乐章中,由数量众多的歌手来完成。美国最著名的一些诗人的作品在其中露面。伯恩斯坦和科思伦选择的诗作凸显了美国社会的"他者",特别是同性恋、非裔美国人和拉美裔美国人,让一大帮20世纪70年代美国的局外人在建国200周年之际得到欢庆。整个系列以弗兰克·奥哈拉(Frank O'Hara)的《致诗歌》开篇,看起来严肃认真、似乎意在完成一项"宏伟之举",实则充满讽刺意味——伯恩斯坦对其用放肆浮夸的方式加以处理。劳伦斯·费林盖蒂(Lawrence Ferlinghetti)的《车站外的一分钱糖果店》回忆的是一名年轻男子的性觉醒,被配上了古怪的12音列和摇摆节奏。《一首朱莉娅·德·布尔戈斯(Julia de Burgos)》以这位波多黎各诗人的名字为题,是一个用西班牙语写成的文本,带有女权主义色彩,其配乐以不可捉摸的节奏锐意向前。《对你之所言的回应》是沃尔特·惠特曼（Walt Whitman）的诗作，生前并未发表；在这首诗中，诗人承认自己是同性恋，并且评价了自己与这个社会格格不入的尴尬境地——伯恩斯坦在这个时候使用这样一个文本，足以揭示他自己的生活，而这首歌也具有独特的美感。他用活泼的方式处理朗斯顿·休斯（Langston Hughes）的《我也歌颂美国》和琼·乔丹（June Jordan）的《好的，"黑奴"》这两首诗，表达了对非裔美国人的关切。《致我亲爱的丈夫》是17世纪诗人安妮·布拉德斯特里特（Anne Bradstreet）的作品，在这里被设计成由三位女性合唱——伯恩斯坦在自己的婚姻陷入危机之际表达了对婚姻的强烈认可。格特鲁德·斯泰因（Gertrude Stein）的《H. M. 的小故事》讲的是一对夫妻的故事：一个在外面寻欢作乐，一个在家中郁郁寡欢。这个话题非常接近伯恩斯坦当时与他的妻子的状况，选择这首诗因而显得有些残酷，而作曲家将其谱成了一首活力十足同时可能无情无意的歌。e. e. 卡明斯（e. e. cummings）的诗作《你吃不下也得吃》关注的是富有思想的波希米亚艺术家，所配的音乐中带有摇摆节奏，由流行人声乐团完成。康拉德·艾肯（Conrad Aiken）的《我和你一起听到的音乐》是对逝去的爱情的追忆，配乐混合了全音阶和12音，完成得很漂亮。《齐齐的哀诗》是格雷戈里·科尔索（Gregory Corso）的一首诗，对一位北非艺人给予了讥讽的一瞥。伯恩斯坦在处理这个苦涩的文本时使用了中东曲风，可能引起了另一个美国少数族裔的共鸣。埃德娜·圣文森特·米莱（Edna St Vincent Millay）的《我的双唇还没有吻过什么样的唇》得到了伯恩斯坦的严肃对待，其中能听到一些他最有趣的演说节奏。终曲是埃德加·爱伦·坡（Edgar Allan Poe）的《伊斯拉斐尔》，作出这个选择着实不寻常，因为这个题目指向的是将在时间尽头吹响号角的伊斯兰天使；坡称赞了这位天使，并对他自己的诗作进行了评价。伯恩斯坦模仿这位诗人的样子，写出了一首可供收藏的艺术作品，由歌手和管弦乐共同完成，有时候还会用打击乐和令人不适的和弦打断乐章。

悲伤的结局

正当伯恩斯坦一边创作《宾夕法尼亚大街1600号》，一边忙于各类指挥事务（譬如率领纽约爱乐乐团四处巡演，以纪念美国建国200周年）时，他的婚姻遭遇解体。这对夫妻在过去二十多年里虽然有一些困难的时候，但是他们之前达成的非正式协议，即伯恩斯坦可以和男性交往、费利西娅不会过问，确实起到了效果。然而，20世纪70年代的美国社会相较于50年代他俩结婚时候的境况已经发生了翻天覆地的变化。尽管同性恋依然不被大多数的美国民众接受，但自从 1969 年纽约发生石墙暴动之后，越来越多的同性恋选择"出柜"。伯恩斯坦一定也注意到，而今以公开的同性恋身份生活要更加容易了，而他显然也在考虑这种可能性。这种迹象公开出现在 1976 年 12 月的一场演出中——此时，已经与费利西娅分居的伯恩斯坦指挥纽约爱乐乐团演奏肖斯塔科维奇的《第十四交响曲》（Symphony no. 14）。在演奏这首曲子之前，时年 58 岁的指挥家向观众进行了 15 分钟的演说，将自己和创作这首交响曲时 63 岁的作曲家予以了比较。伯恩斯坦表示，"当死亡逐渐临近的时候"，一名作曲家必须找到"全然的自由"，这也正是他打算做的。[1] 尽管这并非他公开承认自己是同性恋，但这是一个异乎寻常的坦诚瞬间，显示了伯恩斯坦的挣扎：一边是在自己真正的性生活中似乎占据主导地位的那一部分，另一边是他对自己的妻子同时也是自己三个孩子的母亲的感情。

伯恩斯坦爱上了汤姆·科思伦，并想和他同居。1976 年 8 月和 9 月，他抛下愤怒、沮丧的费利西娅，和他的恋人一起去了加利福尼亚州——由东海岸到西海岸的这一步是他的经纪人哈利·克劳特提议的，为的是不要引起家乡媒体的关注。[2] 9 月中旬，他们一同返回纽约并住在酒店里；伯恩斯坦继续自己在美国和欧洲（旅行时带着科思伦）

---

[1] 伯顿，《伦纳德·伯恩斯坦》，第 438 页。
[2] 伯顿，《伦纳德·伯恩斯坦》，第 436—441 页。

的指挥事业，同时也会与家人见面。

位于72街中央公园西的达科塔公寓楼——伯恩斯坦与家人在1974年搬进这里，1990年于此离世。

媒体于10月末发现了这段婚姻的破裂。1977年1月，伯恩斯坦和科思伦前往棕榈泉过冬，不过，伯恩斯坦于次月返回纽约，告诉克劳特他没法和科思伦一起生活，并且表示自己想和费利西娅讲和。伯恩斯坦和科思伦发现，彼此在家庭生活中一点都不合拍。音乐家和他的妻子开始一起出现在公众视野里，不过他依然有时会和科思伦在一起，比方说深冬的时候就和他一起在摩洛哥过了十天。媒体于6月中旬报道，伯恩斯坦重回费利西娅身边，二人将很快一同前往奥地利，在那里待一个月——菲拉赫市将举办一个伯恩斯坦音乐节——之后他将率领以色列爱乐乐团在德国进行巡演。然而，费利西娅被诊断为肺癌，并且隐瞒了自己的丈夫，让他一个人先去奥地利，骗他自己随后就到。伯恩斯坦最终获悉了真相，而后飞回了家中，为妻子提供了能力范围内最好的医疗条件。放射治疗和长期的化疗没能令费利西娅康复——她在痛苦中度过了近两年的时光，最终于 1978 年 6 月 16 日病逝，此时距医生放弃她的未来已过去了很长时间。尽管费利西娅抽了一辈子烟，但伤心不已的伯恩斯坦还是将她的死归咎于自己——可能是因为她的诊断结果出现在他们分居后不久。

对于这个复杂的人而言，性生活是其一大内在驱动力。尽管他没法以传统的方式对费利西娅保持忠贞不二，但她一直像支柱一样，带来了伯恩斯坦渴望拥有的一个家和家人，同时也很有可能为他提供了成就事业需要的掩体。他的同性恋倾向让他陷入困境。从写于 20 世纪 40 年代的信件中可以看到一个寻求"解药"的男子——那个时候的心理学家认为这是可能的——而当我在 1982 年采访此君的时候，他对面前这个以科普兰对他的影响为毕业论文题目的青年学生产生了好奇。他表示，他不会问我是否"遇到了同性恋的问题"，但随后谈及处在这种状况下的"痛楚"[1]。虽然如今这样来说同性恋已经不能令人接受，但是，伯恩斯坦生于 1918 年，尽管一生具有各种自由主义倾向，但依

---

[1] 1982 年 3 月 15 日在华盛顿特区与伦纳德·伯恩斯坦的私人访谈。

然是他所处的时代的产物——"好犹太男孩"没有这样的情感。我只和伦纳德·伯恩斯坦一起待了一个小时多一点的时间，显然不能算是一个对他知根知底的人，但他似乎是一个对每个人都直抒胸臆的人。其中，当他知道我很快就要结婚的时候，露出了大大的笑容，并表示他强烈赞同婚姻。费利西娅让伯恩斯坦成了库赛维斯基以及可能还有他的父亲想让他成为的那种人：丈夫、父亲、（犹太人）群体的支柱。失去她之后，他的世界变得天旋地转，直至陷入失控的危险境地，而他似乎也没有在益寿延年上花过多少心思。他的才华依然不时闪现，这一点确定无疑，不过伯恩斯坦的人生终章很大程度上是一段悲伤的旅程。

7 "岁月催人老,魑魅魍魉多":
音乐终章,1978—1990

费利西娅去世后最初的日子里,伯恩斯坦在自己的弟弟妹妹那里寻求安慰,并搭乘联合电信公司的游艇在希腊附近的海域进行巡游。[1] 暮夏时分,他迎来60岁生日,国家交响乐团在华盛顿特区外围的沃尔夫陷阱(表演艺术国家公园)为他举办了庆祝会——伯恩斯坦觉得自己有义务出席这个活动,因为现场还会为这个现金紧缺的乐团募集资金。美国公共电视网对其进行了现场直播,当时还是一个青年音乐家的笔者对其中的每一个瞬间都爱不释手;不过,伯恩斯坦必定需要勉力做出一副淡定自若的样子。

费利西娅之死对伯恩斯坦的情绪造成影响,让他在逐鹿自己的许多项目时陷入困境;不过,另一方面,她最终的辞

---

[1] 本章标题中的引文出自汉弗莱·伯顿(Humphrey Burton)所著的《伦纳德·伯恩斯坦》(*Leonard Bernstein*)(纽约,1994),第497页,来自伯恩斯坦为自己的朋友、诗人约翰·马尔科姆·布林宁(John Malcolm Brinnin)写的一首诗。

世让他拥有了过自己想要的生活的自由。他要继续尽到作为人父的责任,因为妮娜在丧母的时候只有 16 岁,不过杰米和亚历山大已经一个 20 岁出头、一个 20 好几了。伯恩斯坦与好些管弦乐团的联系都结出了累累硕果,也达到了经常性合作的预期效果,不过他再没有像从前担任纽约爱乐乐团音乐总监时那样与一个乐团如此关系过从。他努力每年空出几个月来专心创作,并且在自己的余生中完成了好几部重要作品与一众次要作品,不过他的创作依然断断续续,很大程度上取决于他的指挥日程。这似乎是伯恩斯坦的最佳运转方式,也可能是因为他感觉自己对库赛维斯基有所亏欠,需要用指挥来偿还,这也使得他和众多不同的管弦乐团一起带来了令人难忘的音乐。在本章中,我们将首先关注他职业生涯后期中的这个方面,包括他对旅行和工作的总体倾向,并且回顾他工作中的一些重要时刻。

生活在三千英尺高地的指挥家

20 世纪 40 年代的时候,伯恩斯坦开启了客座指挥生活,主要靠火车和轮船进行旅行;不过,到了 70 年代末期,他的演出生活要是离开现代喷气式飞机的话简直无法想象。他住在纽约和康涅狄格州,经常一去欧洲指挥就是很久,多过在美国的时间,并继续在以色列工作,在亚洲出现得也越来越频繁——这些主要是通过与西方管弦乐团的巡演完成的。他与维也纳爱乐乐团保持了稳定的合作，在生命最后十三年中的十二年都是如此。在这些年间，他与纽约爱乐乐团和波士顿交响乐团一起演出的时间各有九年，与以色列爱乐乐团和巴伐利亚广播交响乐团各有八年，与华盛顿的国家交响乐团有七年。从1983年到1990年，他在罗马与圣切契利亚音乐学院管弦乐团进行了五年的合作，并在生命的最后三年每年都指挥伦敦爱乐乐团进行演出。[1] 与伯恩斯坦随行的有三位工作人员——他的经纪人哈利·克劳特、一名私人助理和一名助理指挥——此外经常会有一位旅行伴侣：一位朋友（比如贝蒂·科姆登）或者是他当时的男性情人。伯恩斯坦每到一个城市，往往会与国家元首和其他达官贵人一起举办派对和会议，还要住在自己最喜欢的酒店中视野最好的套房里。他的私人助理会打前站，确保下一个酒店中的一切已经安排妥当。指挥家并不一定要乐团来为自己的奢华做派买单，时常自己支付套间的费用，而他经常合作的合奏团通常不会负担他的全部开支。[2]

伯恩斯坦本身就是一位富翁，可能并不需要客座指挥带来的收入，不过他显然需要通过与一流的管弦乐团一起

---

[1] 伯恩斯坦办公室的网站上有一页给出了指挥家与每个管弦乐团合作的具体年份：www.leonardbernstein.com/orch.htm，2016年8月18日登陆。
[2] 伯顿，《伦纳德·伯恩斯坦》，第477页。

合作来激励自身以及被人抬举。由此制作出的音乐和这些场合必定是令人难忘的，因为若一名大师又苛刻又没法完成"送货"任务的话，这种级别的管弦乐团一定不会支持他。1982年3月，我观察了伯恩斯坦与国家交响乐团的一次彩排；其间，他觉得自己需要额外的时间来完成对于这场音乐会的准备工作，而且不止一次大声抱怨。该乐团的总经理最终满足了他的愿望，而这位音乐大师也充分利用了额外的彩排时间。

若要按照时间顺序记录伯恩斯坦最后这段客座指挥的历程，足可以填满一卷书，并且其中的故事很快就会变得重复起来，不过其中还是有不少特殊的事件，也有一些不凡的演出季。在妻子去世三个月之后，他重新投入到指挥当中，前往维也纳指挥了五首贝多芬的交响曲，并为联合电信将其拍摄成了音乐电影（其中的部分内容后来收录到完整的音乐电影全集中），此后在慕尼黑带来了《歌唱大会》。1979年年末，他在欧洲的工作包括史无前例地与柏林爱乐乐团——赫伯特·冯·卡拉扬（Herbert von Karajan）的管弦乐团——联袂登台，带来了两场马勒的《第九交响曲》的演出；这是为国际特赦组织而行的善举——该组织推动的理想事业深得伯恩斯坦之心。据伯顿记述，伯恩斯坦要该乐团适应他那情感丰富的指挥风格，着实费了一番周折，不过这次阐释造就了一张很不错的唱片。[1] 1979年10月，维也纳爱乐乐团来到华盛顿的肯尼迪中心，带来了为期三周的演出——伯恩斯坦和祖宾·梅塔（Zubin Mehta）以及卡尔·博姆共同担当指挥。伯恩斯坦指挥了两场音乐会以及五场《费德里奥》的演出，之后在纽约的埃弗里·费希尔音乐厅和该乐团一起带来这部歌剧的音乐会版本。从1979年年末开始，伯恩斯坦暂别指挥台十三个月，用这段时间投入到各种创作项目中。

伯恩斯坦宣布自己找到了一个歌剧项目，即后来的《寂静之地》——他在1981年花在指挥上的时间足有六个月，其中包括在梵蒂冈指挥他自己的"卡迪什"——教皇约翰·保罗二世（John Paul Ⅱ）当时刚经历了刺杀事件，正在恢复当中，是在自己的房间通过一条封闭电路进行了收听。他还在慕尼黑与巴伐利亚广播交响乐团录制了瓦格纳的《特里斯坦与伊索尔德》，也将此当成这一年的主要项目。[2] 伯恩斯坦在整个职业生涯中都钟情于这部歌剧——对于一名犹太指挥家而言，这样的品位自然是后天习得的，因为瓦格纳的反犹主义立场证据确凿。这个项目篇幅宏大，对三幕剧分别在1月、4月和11月以现场音乐会的形式进行了演出，并且在需要的时候使用了在排练现场录制的音乐和抓取的素材。伯恩斯坦跟随着自己的缪斯女神，倾向于

---

[1] 伯顿，《伦纳德·伯恩斯坦》，第454—455页。
[2] 同上，第462—463页。

使用19世纪演出中听到的那种更加缓慢的节拍。尽管这番努力换来的是褒贬不一的评价,但这是对这部作品的一次绝妙解读,令他倍感骄傲:"我的生命圆满了。我不在乎之后会发生什么。这是我做过最棒的事情。"[1] 此外,他在1982年春指挥英国广播电台交响乐团演奏自己的《歌唱大会》以及爱德华·埃尔加(Edward Elgar)的《谜语变奏曲》(Enigma Variations),在这场演出中刻意使用的节拍也让他遭遇了迎头逆风。他处理后一个作品时的节拍让英国音乐家觉得过于缓慢,而据伯顿报道,对这首曲子的演奏要比通常情况下多出10分钟。[2] 不过,在为德意志留声机公司录制的唱片中,伯恩斯坦将这一曲的时间控制为29分23秒,非常接近对于这部作品的传统认识。[3] 音乐家们都清楚,若对节拍不加控制,最多能算作是一种主观解读。在1982年春余下的时间里,伯恩斯坦主要将注意力集中在演奏斯特拉文斯基的作品上,因为恰逢他诞辰100周年纪念——他与以色列爱乐乐团在西德、墨西哥和得克萨斯州进行了巡演,此外还在米兰、威尼斯和华盛顿对这位作

---

1 伯恩斯坦的经纪人哈利·克劳特表示,这番话出自指挥家本人之口,参见罗伯特·雅格布森(Robert Jacobson),"狂喜状态:这月已经65岁的伦纳德·伯恩斯坦觉得自己因为多媒体作品《特里斯坦与伊索尔德》而达到新的高度",《歌剧新闻》(Opera News),xlviii/2 (1983),第9页。

2 伯顿,《伦纳德·伯恩斯坦》,第465页。

3 爱德华·埃尔加,《谜语变奏曲/威风堂堂进行曲/印度王冠》(Enigma Variations/Pomp and Circumstance/The Crown of India),英国广播电台交响乐团/伦纳德·伯恩斯坦(德意志留声机公司 413 4902,1984),CD,时间控制通过纳克斯斯音乐图书馆获得,查询于2016年8月18日。

曲家的作品进行了演奏。这个阶段，伯恩斯坦与波士顿交响乐团以及坦格尔伍德经历了短暂的疏离；他转而与洛杉矶爱乐乐团合作，发起了一个旨在培训年轻音乐家的学院的建立工作，并于1982年夏天在此授课。

1984年，伯恩斯坦为德意志留声机公司录制《西区故事》时，亲手挑选了管弦乐队，且演职人员多为歌剧唱将，记录他们此次工作进程的视频成为了解作为指挥家的伯恩斯坦的重要档案。[1] 这个项目从一开始就问题不断——这部剧的音乐并不具有歌剧的特性，而诸如奇里·特·卡娜娃（Kiri Te Kanawa）这样的歌手也无法让人和玛丽亚这个角色的声音联系在一起——不过，伯恩斯坦听到自己的音乐由好嗓子唱出来，并且管弦乐队的完整度也是剧院乐池无法比拟的，显然感到很欣喜。伯恩斯坦在这段视频中无处不在，包括他接受采访的片段和他在电影中的旁白。他允许自己中途同演员和声音工程师的艺术碰撞出现在电影中，这也展现出伯恩斯坦在音乐和表演个性上的诸多方面。这是一部扣人心弦的纪录片，可能比最终由这些工作小节而来的录音更加有意思——在录音中，扮演托尼的何塞·卡雷拉斯（Jose Carreras）无法掩盖自己浓重的西班牙语口音，而作曲家有时采用的是规矩、缓慢的节拍。尽管有种

---

[1]《伦纳德·伯恩斯坦指挥"西区故事"：录音的诞生》（*Leonard Bernstein Conducts 'West Side Story': The Making of the Recording*）（慕尼黑和汉堡，1985），DVD。

种瑕疵，但琼·沛泽在这张唱片面世几年后指出，这在当时是德意志留声机公司史上最畅销的专辑。[1] 将录音过程拍成视频这样的事情伯恩斯坦在 20 世纪 80 年代做过或发起过好几次，算是他教育活动的延续。

1985 年 8 月，在广岛和长崎遭受原子弹轰炸 40 周年纪念之际，伯恩斯坦利用自己国际指挥家和名人的身份，发出了一生中最为深刻的政治宣言之一。他在广岛的两场演出中指挥自己的"卡迪什"，与之合作的有女高音歌唱家芭芭拉·亨德里克斯（Barbara Hendricks）、一个维也纳的青年唱诗班以及欧共体青年管弦乐团——参与演出的还有日本指挥家大植英次（Eiji Oue）（伯恩斯坦在坦格尔伍德指导过的一个学生），有另外两部作品由他指挥。伯恩斯坦的一大理想正是核裁军，而他对这个话题也有足够多的话要说，以至于美国大使馆后来宣布指挥家来到广岛是出于私人原因，并不能代表官方。指挥家在广岛之后几周的行程几乎有悖常理：即刻与管弦乐团返回欧洲，在布达佩斯和维也纳举办音乐会；赶赴德国，为在石勒苏益格-荷尔斯泰因建立一个新的管弦音乐节奔走；来到特拉维夫，加入以色列爱乐乐团，之后一连前往慕尼黑进行巡演，并再次访问日本。在职业生涯的这个阶段，伯恩斯坦无须再证明什么，但他对指挥依然保留了狂热的劲头。

---

[1] 沛泽，《伦纳德·伯恩斯坦：一部传记》，第 464 页。

伯恩斯坦总会通过制造音乐引发巨大的社会关注，这种能力直到他生命的尽头依然不减——即使在最后一年身体状况不容乐观的情况下依然如此。1986年，他在维也纳与维也纳国家歌剧院乐团现场演出时完成了对自己的歌剧《寂静之地》的录制。5月份，在为期两周的伯恩斯坦音乐节上，他在伦敦的巴比肯艺术中心指挥了一场音乐会，演奏的曲目包括自己的《奇切斯特圣歌》《小夜曲》和《焦虑年代》。伊丽莎白二世女王出席了这场演出。1987年，他在七个月内先后指挥阿姆斯特丹皇家音乐厅管弦乐团、纽约爱乐乐团和维也纳爱乐乐团，完成了对马勒的前五首交响曲的演奏；此外，还在著名的萨尔茨堡音乐节上指挥维也纳爱乐乐团。1988年8月，坦格尔伍德为伯恩斯坦的70岁寿辰举办了盛大的庆典——他和一众著名音乐家都在这里的指挥名单之列。1989年9月1日，即第二次世界大战爆发50周年纪念日这天，他参与了华沙的一场音乐会，指挥的是贝多芬的《莱奥诺雷》（*Leonore*）序曲第三号和《奇切斯特圣歌》——这场演出中还有众多古典音乐名宿登台，欧洲、美国和日本都对其进行了直播。此后，当年秋天，他在波恩为期三周的音乐节上担任指挥——这些演出意在向他的作品和当地人自己的儿子贝多芬的作品致敬；之后，他返回纽约，和纽约爱乐乐团带来了科普兰和柴可夫斯基的专场演出。12月，他出现在伦敦，带来了音乐会版本的《老实人》并对其进行了录制——这个项目的效果要比五年前的《西区故事》更好。之后，伯恩斯坦及其所在的商业机构让他成为柏林墙倒塌庆典上的一个中心人物，于圣诞节这天在东柏林的大剧院演奏了贝多芬的《第九交响曲》，电视直播和现场录制同步进行。参与演出的有巴伐利亚广播交响乐团及合唱团以及来自德累斯顿、列宁格勒、伦敦、纽约和巴黎的管弦乐团的成员。诚然，这个项目的实现离不开伯恩斯坦在20世纪80年代末在柏林日益增多的演出经历，不过，一位美国犹太指挥在具有如此重大的国际影响的德国大事件上担任庆典指挥官，无疑是非凡的成就。

伯顿描述了发生在12月23日的一个揪心瞬间：在东、西柏林完成两场贝多芬的《第九交响曲》的前期演出后，伯恩斯坦精疲力尽，似乎失去了知觉。[1] 这可能是将在十个月后夺去他生命的癌症和其他疾病的早期表现。然而，一直到1990年，在他的健康状况迅速恶化之下，他的指挥活动仍包括：与维也纳爱乐乐团在卡耐基音乐厅举办三场音乐会；冬天与巴伐利亚广播交响乐团及合唱团在电视音乐会上演奏莫扎特的《C小调弥撒》；在布拉格春季音乐节上压轴带来贝多芬的《第九交响曲》；夏天匆匆赶赴日本参加新设的太平洋音乐节（这是一个类似坦格尔伍德的活动，由伯恩斯坦协助成立），后来因为晕倒提前回家；8月份最后一次访问坦格尔伍德，在这里指挥和教学。8月19日，

---

[1] 伯顿，《伦纳德·伯恩斯坦》，第509页。

他在库赛维斯基纪念音乐会上指挥贝多芬的《第七交响曲》，在进行第三乐章期间剧烈咳嗽了好一阵子，不过还是勇敢地完成了这场演出。[1] 在他于1990年10月14日去世前不久，伯恩斯坦所在的机构宣布他将告别指挥，也是向音乐世界发出警报：他已经病入膏肓。

晚期作品

在妻子去世之后，伯恩斯坦完成了八部主要作品。他构思过很多别的作品，也为一些开过头，不过随着年龄的增大，创作音乐对于他来说越来越难，而且总是有更多的指挥活动等着他。他的晚期作品中有好几部都显示出一颗审视音乐、力图解决创作难题之心，不过只有一部真正进入了经典曲库：组曲《咏叹调和船歌》(*Arias and Barcarolles*)。从下文中将能看到，除此之外的好几首曲子都是他的作品列表上的重要条目，不过它们和伯恩斯坦在同一体裁上更早的作品相比就显得籍籍无名了。一个可能的原因在于，在伯恩斯坦的一生中，对其作品而言最重要的指挥家正是作曲家本人，这也让他的管弦乐作品特别为人所知。伯恩斯坦去世时不过72岁，年龄其实不大，于是

---

[1] 塞克雷斯特，《伦纳德·伯恩斯坦：一生》，第409页。

没有多少时间来帮助他的晚期作品进入经典曲库。

波士顿交响乐团委托伯恩斯坦为其第一百个演出季写点东西,而他主要是在1980年8月完成了为管弦乐所作的《嬉游曲》(Divertimento),以轻快写意的方式描述了在波士顿成长为一名音乐家的过程。他用"B"和"C"(代表"波士顿百周年"[1])这两个音符和由其引发的音程将各个乐章连接起来。根据杰克·戈特利布的节目笔记,伯恩斯坦本来的打算是让"喇叭奏鸣与喇叭调"(即后来的第一乐章)构成全部的作品,不过对那两个音符的操控给他带来了更多的想法,让他写出了八个简短的乐章,加起来总长15分钟。[2] 在开篇乐章之后,这首嬉戏曲包括"华尔兹""玛祖卡""桑巴""火鸡舞""司芬克斯""蓝调"以及"纪念;进行曲:'永远的波士顿交响乐团'"。"喇叭奏鸣与喇叭调"中的旋律在之后的乐章中重新出现,特别是在收尾的游行中,而作品中的几个部分若是出现在《老实人》中也会珠联璧合——在这部剧中,伯恩斯坦也写出了不同类型的舞曲。"华尔兹"尤为迷人,尽管拍号是7/8拍,但听起来特别像三拍子的舞曲。这首《嬉游曲》由简短的乐章构成,带有不少标准经典曲目的印记——这是为了向他孩童时候听到的音乐会致敬——还有不少搞怪逗乐的片段,

---

[1] "波士顿百周年"的原文是 Boston Centennial。——译者注
[2] 戈特利布,"伦纳德·伯恩斯坦为管弦乐团所作的《嬉游曲》(节目笔记)",收录在伦纳德·伯恩斯坦所著的《为管弦乐团而作的〈嬉游曲〉》(*Divertimento for Orchestra*)(纽约,1988),第【v】页。

可见伯恩斯坦根本没有为其注入多少庄重严肃感。

为了缅怀亚丁·特南鲍姆(Yadin Tenenbaum),伯恩斯坦创作了《哈利勒,夜曲》(Halil, Nocturne)——这是一位年仅19岁的以色列长笛演奏者,在1973年的阿以战争中走到了生命的尽头。(哈利勒是希伯来语中的"笛子"[1]。)伯恩斯坦从来没见过特南鲍姆,不过他在自己的节目笔记上写道:"我认识他的灵魂。"[2] 他在1980年至1981年的冬天写出了这首曲子,其中的一些是基于《哥伦比亚广播电台音乐》而来——这是来自1977年的一首作品,后来被他撤回。《哈利勒》为长笛独奏、短笛和阿尔托长笛(后两者的"声音必须从远方传来,不被人看到")而作,此外还有很长的打击乐部分(五名乐手)以及竖琴和弦乐器的部分;在这部作品中,伯恩斯坦再一次在调性和无调性之间猛烈变道——作品以12音调的曲子开篇,随后转向他的每一部作品中都能听到的那种抒情的调性旋律。[3] 作曲家为这部作品贴上了"各种夜间意象的持续冲突"的标签,而它又以平静的方式收尾。[4] 1981年5月27日,伯恩斯坦与长笛手让-皮埃尔·朗帕尔(Jean-Pierre Rampal)以及以色列爱乐乐团一起完成了这部作品的首演,

---

[1] 这里的"哈利勒"是根据希伯来语中的 Halil 音译而来。——译者注
[2] 伦纳德·伯恩斯坦,"节目笔记",收录于伦纳德·伯恩斯坦,《哈利勒》(Halil)(纽约,1984),第[iii]页。
[3] 同上,第[iv]页。
[4] 同上,第[iii]页。

并在接下来的几年中又对其指挥了好几次。它非常吸引人，但没能走红。伯恩斯坦还另外准备了一个长笛、钢琴和打击乐的版本。

范·克利本国际钢琴大赛有委托音乐家创作比赛曲目的传统。1981年，伯恩斯坦为第六届比赛提供了作品。《触碰：众赞歌、八首变奏曲以及结尾乐段》（*Touches：Chorale, Eight Variations and Coda*）似乎是作曲家向他钟爱的科普兰的钢琴变奏曲的致敬作品。两个作品都是变奏组曲，由一个部分自然地流淌至下一个部分，每一首变奏都基于之前的旋律而来。和科普兰的作品一样，《触碰》中也有爵士和蓝调的印记，不过在伯恩斯坦的作品中，这些曲风更偏向于构成前景。《触碰》是一部精心打磨而成的作品，被众多钢琴家演奏过，也是伯恩斯坦的成熟、严肃音乐的一个绝佳例子。

伯恩斯坦渴望写出一部铭刻在人们记忆中的歌剧。我们不能责怪他没有完成这个崇高的目标，而他确实也已经尽力了。《塔希提的麻烦》得到的评论褒贬不一，而且篇幅过短，没法成为"伟大的美国歌剧"，不过作曲家对这部剧的主题和人物都青睐有加，于是在《寂静之地》中重新走进了这个家庭——这部新剧受到休斯顿歌剧院、华盛顿国家歌剧院和米兰的斯卡拉大剧院的联合委托。伯恩斯坦找来史蒂芬·沃兹沃思（Stephen Wadsworth）担任剧本作者——后者在他们合作的时候30岁左右。他们当时都失去了家人，因此建立起了情感上的纽带——伯恩斯坦依然在哀悼费利西娅，而沃兹沃思有一个姐妹刚刚过世——他们二人在一起写出的作品中用慷慨激昂的演说来模仿美国人说话。[1] 伯恩斯坦一直乐于将演讲节奏用在自己的人声音乐上，而他在《寂静之地》中才把这种可能性发挥到了极致——在这部剧中，许多人声乐句的节奏似乎没必要如此复杂，但听众后来会意识到这多么接近正常的演说模式。《纽约客》的安德鲁·波特在评论这部剧的原版时表示："这些乐句将演说节奏和演说中的抑扬顿挫转化到了音乐之中，像雅那切克一样敏锐。"[2] 歌剧以山姆参加妻子的葬礼开场；她死于一场车祸，并显然是醉酒驾驶。出席葬礼的还有这对夫妻患有精神病的儿子朱尼尔和他们的女儿德德——她的丈夫弗朗索瓦曾是朱尼尔的恋人，他们一起照顾朱尼尔。歌剧的主题关乎一个陷入麻烦的家庭，各成员试图沟通，但在结尾时放弃了这样做。这是一个直言不讳的故事，基于令人不快的场景而来，其中的一些看起来和伯恩斯坦自己的生活无比接近，就像《塔希提的麻烦》一样。一些观众可能会觉得其中的观点过于接近当代现实，不像在观看许多歌剧时可以通过欣赏距离较远的悲剧获得情感上的宣泄。如此，这部歌剧是否还有机会进入经典曲

---

[1] 伯恩斯坦在 1982 年 3 月 15 日（当时他正在创作这部歌剧）接受我的采访时表示，《寂静之地》很大程度上关注的是典型的美国演说节奏。
[2] 波特，"音乐事件：和谐与优雅"，《纽约客》（*New Yorker*），lix/21（1983 年 7 月 11 日），第 88 页。

库确实是要打上一个问号的。伯恩斯坦和沃兹沃思以闪回的形式使用了《塔希提的麻烦》——在华盛顿特区首演之后到在休斯顿和米兰演出之前，他们对这部剧进行了修改，而一处主要的改动就是《塔希提的麻烦》在大剧中出现的位置。伯恩斯坦的门徒、指挥家约翰·毛切里建议这些闪回以新的顺序出现，并提供了新的曲目，这在许多人看来是一大改进。和《塔希提的麻烦》相比，伯恩斯坦在《寂静之地》中的音乐风格有所不同——考虑到前后相隔了三十年，曲目有所差别也并不意外——不过鉴于这些闪回听起来像是来自更早的一个时期，这个问题反而变得无足轻重。尽管波特更喜欢第一版，但对修订版写出如下的评论："这是一部大胆、雄心勃勃、非常有趣的歌剧，包含了伯恩斯坦在音乐上收获的最好的一些东西。"[1] 波特的评价要比许多剧评家更加积极，因此如果听众想要对伯恩斯坦的音乐有深刻的理解，一定得走进《寂静之地》。

伯恩斯坦后期的管弦乐作品一般都不被人熟知，这当然也适用于他花了三年多时间创作而成的《为管弦乐团而作的协奏曲》（*Concerto for Orchestra*）。1986年，其中的两个乐章以《50周年纪念运动会》（*Jubilee Games*）的名字得到首演——这是对来自以色列爱乐乐团的委托的回应。在首演上，作曲家宣布，自己将为其增加内容，并按部就班

---

[1] 波特，"音乐事件：花园中的爱情"，《纽约客》，lx/28（1984年8月27日），第60页。

地进行这项工作，最终在1989年完成了四个乐章："自由风格的事件""混合第二乐章（主题与七支变奏曲）""流散舞蹈"以及"祝祷"。开篇包括管弦乐的即兴演奏，这在伯恩斯坦的作品中难得一见，还有提前录制好的音像，这在结构上带来了一些极为不和谐的地方。"混合第二乐章"是向贝洛·巴托克（Béla Bartók）的《乐队协奏曲》的第二乐章的致敬——后者名曰"双人演奏"。"混合第二乐章"基于伯恩斯坦在1988年至1989所作的"八分音阶的变奏曲"而来，侧重于室内音乐的神韵。第三乐章"流散舞蹈"是一首朗朗上口的活板音乐，有点让人想到巴托克的舞曲，但终章是对选自"民数记：6:24-6"的一段平和的文本的配乐，由一位男中音用希伯来语演唱这些《圣经》中的小节。人声部分只出现在最后两分钟，因为时间较短，所以作曲家允许提前将其录好。在伯恩斯坦的职业生涯中，有好几部作品都是基于希伯来语的文本而来，因此，用"祝祷"来为其收尾颇有深意。

在创作《为管弦乐团而作的协奏曲》的同时，伯恩斯坦还接受罗伯特·肖的委托，将自己为《云雀》（*The Lark*，1955）所作的配乐改编成了一首短弥撒——肖在1988年和亚特兰大交响乐和合唱团带来了这首作品的首演。这首曲子中来自中世纪和文艺复兴时期音乐的影响要比以往在伯恩斯坦的作品中听到的要多得多，不过它还是带有他的独有标记，对于那些乐于探索伯恩斯坦全集中的那些边边角角的人来说可能会是一大惊喜的发现。

《咏叹调和船歌》可谓是伯恩斯坦晚期作品中的翘楚，以组曲的形式对爱情的不同方面进行了探索，既感人又有趣，而且富有变化。这个令人费解的题目取自艾森豪威尔总统在1960年的一句评论——当时，他在白宫听伯恩斯坦和纽约爱乐乐团演奏格什温的《蓝色狂想曲》。艾森豪威尔将这部作品和节目单上更加古典的选择进行了比较，表示"我喜欢有主题的音乐，而不尽是这样的咏叹调和船歌"[1]。伯恩斯坦于1988年4月为一场艾滋病募捐演出写出了这首组曲。最终的版本包括八首歌，由次女高音、男高音和四手联弹钢琴共同完成。除了"小鬼灵精"和"在我的婚礼上"这两首，其他的曲子都是伯恩斯坦自己填词——前者是小时候母亲给他讲的一个睡前故事，后者是意第绪语诗人耶科夫-伊茨霍克·谢加尔（Yankev-Yitskhok Segal）的作品。"序曲"基于伯恩斯坦为女儿杰米的婚礼所写的一首歌而来，由歌手压着愤怒的钢琴声吟咏出对爱情的看法，就此奠定了整首组曲含混不清的情绪。"爱情二重唱"思考的是婚姻生活中的老掉牙问题，伴有对歌曲音乐的睿智评价。而"小鬼灵精"（为次女高音所作）则记录了孩子聆听一个生动的故事时的恐惧之情。"我一生所爱"（为男中音所作）中的男子不确定自己的真爱是否能够到来，或者这

---

[1] 伯顿，《伦纳德·伯恩斯坦》，第492页。

个人是否已经出现了，与"问候"（为次女高音所作）形成了绝妙的反差——后者是一首天真烂漫的歌曲，是伯恩斯坦在儿子亚历山大出生后写的。那首意第绪语的歌曲讲的是一名演奏东欧乐曲的犹太音乐家把一个婚礼搅得天翻地覆，由男中音演唱，之后是"韦伯先生和韦伯太太说晚安"——这首歌用幽默的方式带来婚姻中的枕边私话，灵感来自印第安纳大学音乐学院的系主任查尔斯·韦伯（Charles Webb）一家人，伯恩斯坦是在1982年冬天在那里居住的时候与其结识。最后一个乐章"演奏之后"由钢琴家完成，两名歌手同时哼唱——这首可爱的歌曲是伯恩斯坦在1986年为母亲的生日写的。

伯恩斯坦一生完成的最后一部作品是由铜管乐器五重奏完成的《舞蹈套曲》（Dance Suite），包含五个乐章，为1990年1月14日美国芭蕾舞剧院的50周年庆典而作。当编舞试图将音乐用在舞蹈上的时候，发现几个乐章的长度不足。这首套曲由帝国铜管乐团在庆典上演奏。

尽管这些就是伯恩斯坦完成的所有晚期作品，但他对其他很多作品都有过构思，并且动笔写了一些。汉弗莱·伯顿描述了伯恩斯坦自妻子离世到他自己病逝这段时间内的六七个诸如此类的项目，并且不止一次表示，问题出在作曲家执意要写出一部重要、严肃并且可能是伟大的作品，为他的音乐遗产再添上重要的一笔，这让他无法将心血来潮转化为作品。在费利西娅去世后不久，伯恩斯坦与汤姆·科思伦通信，探讨将小说《洛丽塔》（*Lolita*）改编为歌剧的可能性，不过他们想不出该如何用歌剧术语来呈现题目中那个年轻的角色。[1] 1979年12月，在他一年的"休假"伊始，伯恩斯坦开始围绕汽车产业先驱普雷斯顿·塔克莱（Preston Tucker）创作一部可能的音乐电影，与他合作的有词人科姆登和格林以及导演弗朗西斯·福特·科波拉（Francis Ford Coppola），不过最后这个人因为工作几乎没有进展而失去了兴趣。[2] 伯恩斯坦之后与亚瑟·劳伦茨（Arthur Laurents）合作，计划完成一部名为《警报声与花彩号声》（*Alarums and Flourishes*）的歌剧或音乐剧，但妮娜·伯恩斯坦告诉父亲这个故事与《皮平正传》（*Pippin*）过于类似，说服他放弃了这个占用了他暂别指挥后的六个月时光的项目。[3] 此外，他曾在1984年至1985年间试图与史蒂芬·沃兹沃思合作写一部关于大屠杀的歌剧，但由于他过于把它当作一部铭刻人心的作品来书写，致使情节遭遇难产；此后，伯恩斯坦继续在这部作品上用功，为其取了《巴贝尔》（*Babel*）这个名字，合作者也换成了约翰·威尔斯（John Wells），为此他一直努力到生命的最后一年。[4] 同年，杰罗姆·罗宾斯再度吸引伯恩斯坦对贝托尔特·布莱希特的《例外与规则》（*The Exception and the*

---

[1] 伯顿，《伦纳德·伯恩斯坦》，第453页。
[2] 同上，第456页。
[3] 同上，第456—457页。
[4] 同上，第481—483页，第489页，第502—503页，第510—511页。

Rule）进行改编——他们曾在1968年夏天和史蒂夫·桑德海姆有过一次这样的尝试。[1] 这一次，作曲家和剧作家约翰·瓜尔（John Guare）进行了为期三个月的合作。他们的团队为这部名为《奔向乌尔加》（*The Race to Urga*）的作品持续工作，一直走到公开排练的阶段，不过据伯顿引用的一份伯恩斯坦寄给他的合作者的备忘录中所言，他们必须认真对待自己的工作，并要"在道德上为我们的努力正名；我们要不惜一切代价、一切手段抓住源源不断的民众，这是我们的伦理责任"。这部作品显然没有达到这样的高标准，因此胎死腹中。[2] 看到一位天赋异禀的作曲家在职业生涯末期总是为结果附加上不切实际的预期，从而让一部部作品不了了之，着实带有一些悲剧色彩。

私人事务

在他生命的最后十二年时光中，无论是伦纳德·伯恩斯坦本人还是他的身边人，日子似乎都不太好过。尽管他的指挥事业挂着高速档轰鸣前进，不过显然只有当他能够舍弃掉那些令他跛足前行的期望时才能谱写出成功的作品。家人仍然是他生活的一个重要组成部分，正如在他和二女

---

[1] 伯顿，《伦纳德·伯恩斯坦》，第374页。
[2] 同上，第489—490页。

儿妮娜的关系中可以看到的那样——在她依然在家住的时候，他们二人的关系日渐亲密。大女儿杰米在1984年嫁给了大卫·托马斯（David Thomas）。这是一个沉静的男子，或许有助于岳父保持稳定的情绪，而不久之后，随着孙辈的出现，这方面的作用应该更加明显——不过伯恩斯坦的长女对最后这些年发生的事情直言不讳道："在我妈妈走了之后……除了我们，没有人能够令他保持克制，但对我们来说也有力所不能及的时候，因为我们不和他住在一起。所以，在那之后，一直都是'音乐大师之城'[1]。"这是一个联系紧密的家庭，也有很多轻松的瞬间，不过杰米提到，伯恩斯坦经常把苏格兰威士忌和右旋安非他命混合在一起喝，导致他会行为无常，不像她从前认识的那个慈父。伯恩斯坦在酒精上从不节制，并且也时常从多种处方药中寻求帮助，而且有多种证据表明，这些习惯在他的晚年生活中逐渐失控。

在费利西娅死后，伯恩斯坦与汤姆·科思伦维系着友人关系，即便是在伯恩斯坦的肉欲已经转向了其他男子的情况下依然如此。伯顿拿出相当的篇幅来处理科思伦在伯恩斯坦最初鳏居的几年间写给他的信，指出他为伯恩斯坦的生活和工作提出了切实的建议，比方说敦促他重新拿起音乐喜剧的创作、减少指挥的次数以腾出更多的时间来创

---

[1] 伯顿，《伦纳德·伯恩斯坦》，第472页。

作。看起来，科思伦差一点就成了一位千金难买的顾问，不过他在1980年被诊断出淋巴癌，又在这之后不久被诊断出患有艾滋病。1986年11月，伯恩斯坦前往科思伦的病床前探望，这也促使他和经纪人哈利·克劳特合作，为艾滋病研究募集资金，并在此后不久与其他艺术家一起在公共剧院的一场音乐会上募集了30万美元善款，又于次年在卡耐基音乐厅的一场演出中筹得170万。在生命的最后十年，富有社会责任感的伯恩斯坦致力推动的公共理想除了艾滋病还有国际特赦组织、拯救儿童基金、种族和谐以及各类和平与核裁军事业。

旺盛的力比多对于伯恩斯坦的重要性在他妻子走后有过之而无不及，即从那一刻之后，他似乎主要是在追寻与男性的交往。他有过很多段激情四射的亲密关系，大多数的伴侣都比他要小很多，并且他们中的许多人是音乐家。伯顿对伯恩斯坦的一些情人予以了描述，有的是基于谜语或诗歌这样的共同爱好走到一起，有的则除了性关系别无他求。[1] 他们中的好些人成了伯恩斯坦的亲密友人，在最初的热情冷却之后仍然留在他的轨道中，不过一旦伯恩斯坦对别的男子产生兴趣，事情就会变得一团糟。音乐家不希望只有单一性伴侣，而他的恋爱生活既富有流动性又错综复杂，当然他也享受着坠入爱河的滋味，因此允许一些

---

[1] 比如可以参见伯顿，《伦纳德·伯恩斯坦》，第506—507页。

交往持续数月甚至数年。在与汤姆·科思伦的感情降温之后,伯恩斯坦在 20 世纪 70 年代末喜欢上了记者罗伯特·李·柯克兰三世(Robert Lee Kirkland iii),而在整个 80 年代稳定出现在他生活中的是阿隆·斯特恩(Aaron Stern)——后者时任芝加哥的美国音乐学院的系主任,对教育有一些原创想法,伯恩斯坦喜欢与他一起讨论,并为他提供资金援助。之后,在 1988 年的时候,伯恩斯坦爱上了马克·斯特林格(Mark Stringer)——当时是一名指挥系学生,后来成就了一番事业。他最后一位情人是马克·亚当斯·泰勒(Mark Adams Taylor)——这是一位颇具雄心的小说家,向伯顿描述了伯恩斯坦在追求他时的狂热、浪漫和"全然的诗性"[1]。

20 世纪 80 年代,伯恩斯坦时常受到追捧,单是重要的奖项就收获了一大堆。[2] 他一生获得二十二个名誉博士学位,其中有七个来自 80 年代:英国的华威大学(1980)、约翰·霍普金斯大学(1980)、以色列的希伯来大学(1981)、克利夫兰州立大学(1982)、波士顿大学(1983)、松庄园学院(1987)以及费尔菲尔德大学(1989)。来自外国政府的重要勋章自 60 年代起就纷至沓来。在他生命的最后十年间,他在 1985 年添上了法国荣誉军团的高等骑士勋

---

[1] 比如可以参见伯顿,《伦纳德·伯恩斯坦》,第 507 页。
[2] 伯恩斯坦办公室给出了音乐家获得的荣誉清单:www. leonardbernstein. com/honors. htm,登陆于 2016 年 8 月 18 日。

位（在1968年被授予骑士勋位，在1978年被授予军官勋位），1987年收获了西德的十字勋章，还在1988年获得了意大利共和国的国家大功勋章。在美国国内，他于1980年被肯尼迪中心授予终身成就奖，1982年冬天在创作《寂静之地》时成为印第安纳大学高级研究所的领衔成员，1985年以录音艺术家的身份获得了特殊的格莱美终身成就奖，还在1987年接过了麦克道尔艺术村授予的金牌。

这些不过是伯恩斯坦所获诸多荣誉中的沧海一粟，不过，在他生命的最后十年间，富足、多产的生活理应带来的幸福和满足感却在很大程度上远离了他。其中的部分原因在于，美国和其他国家那从前可见的进步主义经历了退潮。1980年，罗纳德·里根（Ronald Reagan）当选总统，预示着美国将转向右派，艺术家将面临充满敌意的生存氛围，这让伯恩斯坦沮丧不已；对政府的愤恨最终使他拒绝了乔治·H. W. 布什（George H. W. Bush）颁发的国家艺术奖章——政府取消了支持富有争议的曲目的艺术经费，这便是他做出的回应。此外，以色列犹太成员的民族主义日益高涨，加上巴勒斯坦人遭受迫害，这些都为伯恩斯坦敲响了警钟——他曾是这个国家最大的支持者之一，并且和以色列爱乐乐团长期保持合作关系，因此这无疑是他身上发生的一次巨大转向。伯恩斯坦成长于一个进取的时代，对美国在战后时期对左派的打压有着深刻的体会，因此，20世纪80年代的这段政治经历令其感到难过。

然而，伯恩斯坦个人体会到的不满远远超出政治动向。琼·沛泽是一位受人敬重的音乐作家，曾是《音乐季刊》（*Musical Quarterly*）的编辑；她准备在《新美国音乐果园字典》（*The New Grove Dictionary of American Music*，1985）中为伯恩斯坦设立一个条目，并与他见了面。她开始为我们的音乐家作传，而伯恩斯坦及其家人也给予了配合；然而，当他们发现沛泽主要是对伯恩斯坦的性生活感兴趣后就对这个项目的乐观程度大打了折扣。[1] 不过，她和伯恩斯坦众多的同性恋朋友和他的一些前男友都谈了话，让这本书在许多方面向恐同症严重倾斜，以至于最后看起来沛泽认为自己的作品最重要的目的是，确保此书在1987

毗邻纽约林肯中心的"伦纳德·伯恩斯坦之地"——伯恩斯坦于1958年至1969年间在此担任纽约爱乐乐团的音乐总监。

---

[1] 伯顿，《伦纳德·伯恩斯坦》，第490页。

年一经出版后伯恩斯坦就会在全世界面前承认自己是同性恋。她的叙述倒也没有完全失衡——她描述了他的音乐才华，也为他的众多成就留出了空间——但这本书错误百出，并且她对他性格的刻画也是朝着消极方面一边倒。在一些地方，沛泽似乎觉得自己能够领悟到伯恩斯坦最私密的想法，并且将一部小说作品当作引用来源，就因为据说伯恩斯坦曾在1983年承认这部作品是基于他的生平而来。[1] 伯恩斯坦向他的子女发誓，他绝不会读沛泽的书，不过他一定也清楚大卫·戴蒙德是她的一个主要信息来源，特别是

毗邻华盛顿特区的肯尼迪中心的水门酒店——这是伯恩斯坦在客座指挥期间入住的奢侈酒店的代表，也是本书作者在1982年3月15日采访伯恩斯坦的地方。

---

[1] 赫伯特·拉斯科和马加利特·鲍瑠伊（Herbert Russcol and Margalit Banai），《爱乐乐团》(*Philharmonic*)（纽约，1971）。

关于伯恩斯坦的性生活方面。两封终结两人一生情谊的书信令人不忍卒读。[1] 沛泽认为，伯恩斯坦的性生活是其人格的一大组成部分，也是他生活的一大驱动力，这一点事实上是对的；不过该书过于追求刺激，又带有明显的恐同症印记，因此真是不合时宜。

除此之外，媒体在20世纪80年代对伯恩斯坦的刻画形形色色，既有约翰·罗克韦尔（John Rockwell）这样在1986年8月的《纽约时报杂志》（*New York Times Magazine*）上发文高度赞扬他的，也有指挥家利昂·博特斯坦（Leon Botstein）这样在1983年5月的《哈泼斯杂志》（*Harper's Magazine*）上谴责伯恩斯坦在指挥中的阐释及其作品都过于肤浅的。[2] 罗克韦尔的文章反映了何其多的评论家开始意识到伯恩斯坦晚期所做工作的重要性，而博特斯坦则反映出有一部分音乐知识分子一直没有接受伯恩斯坦以及他在指挥和创作中对于"严肃"音乐的大众化。

伯恩斯坦对于逐渐老去感到悲伤，在很多访谈中都谈到这一点，不过也许更加能揭示他的感受的是他写给友人、诗人兼评论家约翰·马尔科姆·布林宁（John Malcolm Brinnin，1916—1998）的一首诗——这首诗写于音乐家70

---

[1] 西梅奥内，《伦纳德·伯恩斯坦书信》，第564—566页。
[2] 罗克韦尔，"伯恩斯坦所向披靡"，《纽约时报杂志》（*New York Times Magazine*）（1986年8月31日），第14—19页，第24—25页；博特斯坦，"伦纳德·伯恩斯坦的悲剧"，《哈泼斯杂志》（*Harper's Magazine*），cclxvi（1983年5月），第38—40页，第57—62页。

岁生日后约一个月，伯顿进行了引用。[1] 诗的题目是"生日仍在继续……"，对时光的流逝愤恨不已，也对在人进入老年依然要庆祝生日感到恼怒。诗中满是性意象；伯恩斯坦在字里行间承认自己在肉体上享受着年轻人的魅力，不过最终他还是会变成孤家寡人，同时也不愿再和哪个情人建立稳定的关系。这是一个身心俱疲的人发出的呼喊，令人动容——他清楚自己的能力，但现有的诸多成就并不能令他满足，对年轻男性情人的追求也是没有尽头。

在伯恩斯坦生命的最后一年，严重的健康危机成为主题，最终让他在最后两个月无法再工作。和往年冬天一样，他在1990年1月前往基韦斯特——他喜欢在那里滑水，也喜欢那儿的天气以及家人和朋友的陪伴。他本来打算与约翰·威尔斯合作完成自己的歌剧，但由于访客众多变得很难进行，而他也向一些人坦言，他觉得这次和以往不一样，自己的活力一去不复返了。[2] 1990年4月，他在欧洲时感到呼吸有刀割般痛苦，返回纽约之后查出肺部周围的膜中出现了一个恶性肿瘤。他开始秘密地接受放射治疗，之后，6月份的时候，对四环素的药物反应让他爆发了疱疹。他一边应对这些病痛以及严重的呼吸困难，一边奔赴日本参加太平洋音乐节——这个崭新的活动是围绕伯恩斯坦打造

---

[1] 伯顿，《伦纳德·伯恩斯坦》，第497页。
[2] 同上，第511页。

的——但最终不得不在 7 月的时候回家，因为他实在是太虚弱了。他坚持出席了坦格尔伍德的活动，不过当他返回纽约的达科塔公寓时，发现医生已经接管了那里。这个月的晚些时候，他在医院度过了自己的生日，不过被剥夺了酒精和之前由他自己掌控的众多药物——包括危险的止痛剂——不过，在此之后，他有一段时间返回了位于费尔菲尔德的家，暂时摆脱了医疗的统治。在他肺部的纤维症进一步发展之后，他不得不返回纽约，之后不久只能靠轮椅行动。伯恩斯坦曾于 1979 年在墨西哥患上阿米巴症，当时的主治医生是凯文·卡希尔（Kevin Cahill），二人就此成为朋友。对于我们的音乐家来说，卡希尔扮演着类似私人医生的角色，不过他一直不太愿意将自己全然置于一名医生的看护之下。尽管有朋友、家人的不停探望，但呼吸极度困难并且时常被疼痛折磨的伯恩斯坦还是感觉自己死期将近，变得忧心忡忡。这一刻在 10 月 14 日卡希尔为他打针时发生——他突发心脏病，据医生判断是由肺气肿、胸膜肿瘤和肺部感染引发的。此前不久，伯恩斯坦宣布自己将告别指挥，让很多人意识到他已经病入膏肓。在他去世之后，音乐世界的哀悼和致敬纷至沓来。伯恩斯坦被葬于布鲁克林的格林伍德墓地，就在妻子费利西娅边上——这是他爱过的女子，似乎也是在应对魑魅魍魉方面给予他最多帮助的人。

8 最后的评判

伦纳德·伯恩斯坦是一个很复杂的人。一旦他认定一个人为朋友,就会与之建立起紧密的纽带,并且往往能与之保持多年的往来;但是,无论是在公共还是私人场景中,他都可能不够圆滑、飞扬跋扈。他的力比多旺盛,并且是一名同性恋,有众多的男性恋人,还与其中的一些人建立了长久的关系;但是,他最亲近之人是多年伴其左右的妻子、演员费利西娅·蒙泰亚莱格雷·伯恩斯坦。他们共同孕育的三个孩子对于他来说都非常重要,并且关系亲密,直到生命尽头。他之所以会结婚,部分原因可能在于这样的外在形象可以为自己谋求好的职业发展机会提供便利——若是以一名显性的同性恋男子身份自居,在这方面将会困难重重;然而,他对费利西娅的爱恋与激情是真实的。他决定结婚,同时也体现了他从小受到的看重家庭生活与子女的犹太教育。他的宗教背景对他固然重要,但他作为一名犹太人的宗教实践几乎仅限于那些高度神圣的节日；若论对自身的启迪，他在心理分析上的投入可能要比宗教作用更大，让他对自己的内在有了更多的认识。他经常提及现代的"信仰危机"，但很少会进一步界定自己这么说是什么意思。信仰犹太教让他成为以色列的坚定支持者。在政治领域，伯恩斯坦就没有那么多的矛盾之处了——尽管一生经历过好几个反差巨大的时代，他一直都是进步主义者，而他对于人权的关切使他质疑以色列政治在 20 世纪 80 年代的保守主义发展方向，因为他认为与此同时巴勒斯坦人的权利似乎受到更大的威胁。他的"自我"体型臃肿，渴望受到他人的追捧和注意，但他是一名慷慨的教师，也是许多年轻音乐家的导师。除了具备音乐天赋，伯恩斯坦还是一名能讲几种语言的博学者、一名杰出的教育家、一位令人难忘的作家以及一名能言善辩的演说家。他似乎本有可能在许多领域取得不凡的成就，但他在早年发现了音乐这块沃土，从而将所有职业方面的雄心壮志都投向了这里，并一直坚决拒绝在这个领域中进一步划定一小块天地供自己固定耕耘。

就音乐天赋的广度而论，没有多少音乐家能够与伯恩斯坦媲美。他具备聪慧的听力和天生的音乐性，能够理解非常复杂的曲谱，此外还是一名优秀的钢琴师。他的节奏感无与伦比，同时具有广博的音乐史知识——跨度至少从晚巴洛克到当代。他是一名出色的分析家，善于建立音乐与其他领域的联系。他能够针对不同的受众对音乐概念进行不同深度的解读,实属难能可贵。作为一名指挥,他与纽约爱乐乐团建立了极其高产的联系,在这门艺术的历史上很难再有指挥家和单个管弦乐团可以做到;不过,他担任这个乐团的音乐总监的时间只有十一年。他其余的指挥事业几乎全是以客座的形式完成,与许多合奏团都建立了卓有成效的联系,其中包括维也纳爱乐乐团、以色列爱乐乐团和波士顿交响乐团。他在维也纳大受欢迎,这着实不寻常——要知道,他是一名美国指挥,经常指挥的却是奥地利和德国的作品。他作为指挥的涉猎范围不断扩大,西方古典音乐经典曲目的一大部分都被他揽入怀中。和多数指挥一样,他对曲目的阐释是带有主观性的,但他开发出范围甚广的专长和兴趣领域:海顿、贝多芬、舒曼、柏辽兹、瓦格纳、马勒、艾夫斯、斯特拉文斯基、科普兰、格什温以及众多其他的作曲家——他与最后这些人通过激荡的演出而结识。他的一个特殊才能是让美国音乐和20世纪作品焕发生机,不过他对先锋派却总是避之不及。伯恩斯坦的每场音乐会都是一件盛事——尽管批评家可能会莫衷一是,但观众喜爱他的个人魅力以及对音乐的全情投入。他的指挥动作幅度巨大、感情外露,时常会被人诟病,但这些都是他性格的一部分,也真诚地表达了他对音乐的反应。伯恩斯坦录制过成百上千的音乐音频和视频,其中的很多现在依然能买到,为20世纪留给后世的音像财富作出了首屈一指的贡献。他以一名音乐教育家的身份出现在电视上，对这方面的工作充满活力，在大众媒体时代独树一帜。究竟有多少人——老的、少的——因为受到伯恩斯坦的影响而投身古典音乐是难以计数的，所以，如果说他对20世纪的古典音乐界具有奠基性的重要意义，一点也不为过。

伯恩斯坦在作曲方面留下的财富中地位最稳固的一块是《西区故事》，这是20世纪中叶美国文化的一大标志——对于一个一心要写出受人重视的严肃音乐会作品之人来说，这样的地位会令其失望——但是，他的这一成品的极富多样性，在20世纪难逢对手。对于大众剧院而言，《西区故事》这部乐谱的优美和深刻程度都极其罕见。不过，伯恩斯坦也通过其他的百老汇音乐剧展现了不一样的才华：《锦城春色》和《美妙小镇》反映了他在创作音乐喜

伯恩斯坦位于纽约布鲁克林格林伍德墓地的坟冢——显然，钦慕的人为作曲家带来了各种装饰、铅笔还有古怪的吉他拨片。

剧歌曲方面的天赋，《老实人》则尽显他不拘一格的创作风格以及在戏仿方面的本领。

对于一名只完成过五部百老汇剧配乐的作曲家而言，能在这个音乐类别中占据如此重要的地位着实不一般。关于其他类型的戏剧作品，他为唯一的一部电影配乐《码头风云》作出了杰出贡献；此外，他与杰罗姆·罗宾斯合作完成了三部芭蕾舞剧，其中《自由幻想》是出自美国作曲家之手的芭蕾舞配乐的翘楚。歌剧《塔希提的麻烦》对美国的消费主义文化以及1950年前后郊区的发展给予了绝妙的诠释。《弥撒》是一部足以定义何为"独一无二"的作品，同时也是一部揭示作曲家本人如何看待自己以及他对周遭的这个世界的感觉的宝贵文献。尽管它的规模过于宏大，也有不少富有争议的地方，上演起来的花销也不小，但当演出机构试图表明态度、发出宣言的时候，还是会把《弥撒》当作一个可能的作品选择。尽管有许多批评家无法接受伯恩斯坦在创作音乐会音乐时不拘一格、海纳百川的风格，但他将古典曲风和爵士、蓝调以及其他钟意的流行曲风混合在一起的做法也是典型的美式风格，并且带来了不少留在经典曲库中的作品。《奇切斯特圣歌》和小提琴协奏曲《据柏拉图〈会饮篇〉而作的小夜曲》可能是他为古典音乐作出的最重要贡献，但他的三首交响曲，特别是"耶利米"和"焦虑年代"，亦是对这个音乐类别高度职业化的贡献。他的《第三交响曲（卡迪什）》带有更多的个人印记，难度也更大，不过不失为观察这个人为何如此行事的一扇宝贵窗口。若将他的第一和第三交响曲以及其他几首曲子放到一起考量，就会看到，伯恩斯坦是西方音乐史上最重要的犹太作曲家之一。就他的风格而言，他写出了令人难忘的旋律——其中的节奏让人想将身体舞动起来——也将其中最好的那些用于了编舞。

我有幸见过伯恩斯坦本人两次。1976年春天，我看着他和纽约爱乐乐团在卡耐基音乐厅开启了建国200周年纪念巡演——演出的节目单中尽是惊艳的作品，特别是他在钢琴旁指挥了格什温的《蓝色狂想曲》。当年还是青年音乐家的笔者被这场演出深深震撼，觉得当时我所知道的美国音乐中的一切伟大的元素都在其中得以呈现。之后，1981年的时候，在完成硕士论文期间——我写的是科普兰对伯恩斯坦的影响——我给伯恩斯坦写了一封信，请求采访他。此后数月，这封信石沉大海；不过，在1982年冬天的时候，我收到了他的长期秘书海伦·科茨的回信，邀请我前去观赏伯恩斯坦在华盛顿特区指挥国家交响乐团的彩排演出，之后可以与他交谈。3月15日，我观看了这场彩排：他与该乐团排练埃尔加的《谜语变奏曲》、与纽约爱乐乐团的小提琴手索尔·格雷策（Sol Greitzer）排练沃尔顿（Walton）的中提琴协奏曲以及与爱乐乐团的长笛手朱利叶斯·贝克（Julius Baker）排练自己的《哈利勒》。伯恩斯坦在那个下午做的事有排练、劝诱、教导、命令、恳请、跳舞等，完全是一位处在巅峰期的音乐大师。他全然投身于音乐，对其理解也全然到位——无论对伯恩斯坦还可能会有些什么别的看法，但他对自己指挥的音乐的全情投入不容置疑。在这场彩排之后，依然是在肯尼迪中心，伯恩斯坦问我是否听出《哈利勒》中有科普兰的影响——我对这部新作品了解有限。我无比幼稚地回答："是的，在那个像爵士的部分。"他反驳道："那可不像爵士！"这也是他为我上的第一课：在与作曲家谈论音乐时一定要慎之又慎。同时，我也意识到，对于伯恩斯坦所理解的爵士，我还有很多要去学习的。

我搭乘伯恩斯坦停在街角的大型豪华轿车前往水门酒店——他在那儿开了一间套房。正是在那里，我体会到了这个人激光一般的专注度，众多评论家对此都有过描述。他让你感觉到，当你在他面前时，你就是这个世界上最重要的人物——这是一种迷醉的感觉。尽管我们开始的对话有些粗糙，但后来交谈的时间超过一个小时；在这个过程中，他问我的问题可能有我问他问题的一半之多。他谈及在他看来科普兰对他有什么影响，让我获得了一些很有意思的引文，并且就兼收并蓄的风格作出了一些绝妙的评价——这是此次访谈中关于他自己的音乐最具揭示性的一部分，即很多批评家会贬义地描述为的折衷主义。伯恩斯坦表示，他认为"每一位作曲家在某种程度上都是兼收并蓄的"，就拿一位著名的德国作曲家来说吧，"贝多芬是由海顿、莫扎特、巴赫以及一切别的事物共同构成的，再加上那个充满魔力的因素，也就是我们称为贝多芬的那个个性化的东西"[1]。伯恩斯坦将自己置于一长串他认为是兼收并蓄的作曲家行列之中，提到的还有巴赫和斯特拉文斯基——后者被他称作是"在这个世界上存在过的最兼收并蓄的作曲家"[2]。一些人可能会无视这样的评价，认为这是一名作曲家为自己辩护时的错觉，但我把它视为是对伯恩斯坦的创作幕布之后都有什么的一瞥。他是一名思想深邃的音乐家，对经典曲库中的大部分都有了解，知道谁影响了谁——当然，他有时候会夸大这种影响。如果确有需要，伯恩斯坦可以写出任意一种风格的音乐。尽管这没有阻碍他形成自己的风格，但对他所有的指挥经历以及他过人的音乐记忆力而言也还都是要付出一定代价的——他在找寻灵感和想法时，需要鉴定出哪些才是他自己的，这也会让创作这件事于他而言变得更加复杂。尽管伯恩斯坦可能觉得其他作曲家也会有类似的挣扎，但他确实总会谈及这一点。他多次提到他在指挥与作曲之间的挣扎，也体现出他开诚布公、乐于自白的天性，这一点我在访谈的过程中也有所体会。他在那天谈到一点关于同性恋和婚姻的事，并对我人生中的这些可能进行了琢磨，不过，显然这是他之前就有过诸多思考的一个问题。

---

[1] 莱尔德和林迅，《伦纳德·伯恩斯坦：研究与信息指南》，第20—21页。
[2] 同上，第20页。

当我离开水门酒店的套房时，我的脑袋中思绪纷飞。我刚刚与我希望工作的领域中最著名的人物之一进行了一场美妙的私人会话，与他相比我简直就像襁褓之中的婴儿一样。说不清是出于什么样的原因，这个人让我有了当一名听众的感觉，并且有时会像对待一位已经熟识多年的人一样与我交谈。这可能是一种引诱的尝试——毕竟他的许多情人都很年轻——但即便如此，他能拿出这么多的时间也足显慷慨，而与他的这次讨论也成为我三十多年来一直对这个人怀有兴趣的部分原因。我通过亲身体验了解到，伯恩斯坦是多面的，其中包括，这是一个极其令人难忘的男人。

参考文献精选

Bernstein, Burton, Family Matters: Sam, Jennie, and the Kids (New York, 1982) —, and Barbara B. Haws, Leonard Bernstein: American Original, How a Renaissance Man Transformed Music and the World during His New York Philharmonic Years, 1943 - 1976 (New York, 2008)

Burton, Humphrey, Leonard Bernstein (New York, 1994)

Burton, William Westwood, Conversations about Bernstein (New York, 1995)

Bushard, Anthony J., Leonard Bernstein's On the Waterfront: A Film Score Guide, Scarecrow Film Score Guides, 14 (Lanham, md, 2013)

Chapin, Schuyler, Leonard Bernstein: Notes from a Friend (New York, 1992) Cott, Jonathan, Dinner with Lenny: The Last Long Interview with Leonard Bernstein (New York, 2013)

Fluegel, Jane, ed., Bernstein Remembered (New York, 1991) Foulkes, Julia L., A Place for Us: 'West Side Story' and New York (Chicago, il, 2016)

Freedland, Michael, Leonard Bernstein (London, 1987)

Garebian, Keith, The Making of 'West Side Story' (Toronto, 1995)

Gottlieb, Jack, Working with Bernstein: A Memoir (New York, 2010) Gradenwitz, Peter, Leonard Bernstein: The Infinite Variety of a Musician (Leamington Spa/Hamburg/New York, 1987), first published in German as Leonard Bernstein. Unendliche Vielfalt eines Musiker (Zurich, 1984)

Gruen, John, The Private World of Leonard Bernstein (New York, 1968) Hunt, John, American Classics: The Discographies of Leonard Bernstein and Eugene Ormandy (London, 2009)

Kopfstein-Penk, Alicia, Leonard Bernstein and His Young People's Concerts (Lanham, md, 2015) 203

Laird, Paul, The Chichester Psalms of Leonard Bernstein, ed. Michael J. Budds, cms Sourcebooks on American Music, 4 (Hillsdale, ny, 2010) —, and Hsun Lin, Leonard Bernstein: A Research and Information Guide, 2nd edn (New York, 2015)

Ledbetter, Steven, ed., Sennets and Tuckets: A Bernstein Celebration (Boston, ma, 1988)

Monush, Barry, Music on Film: West Side Story (Milwaukee, wi, 2010) Myers, Paul, Leonard Bernstein (London, 1998)

Oja, Carol J., Bernstein Meets Broadway: Collaborative Art in a Time of War (New York, 2014)

Peyser, Joan, Bernstein: A Biography (New York, 1987, 1998)

Robinson, Paul, Bernstein (London, 1982)

Secrest, Meryle, Leonard Bernstein: A Life (New York, 1994)

Seiler, Thomas R., Leonard Bernstein: The Last Ten Years (Zurich, 1999) Seldes, Barry, Leonard Bernstein: The Political Life of an American Musician (Berkeley, ca, 2009)

Shawn, Allen, Leonard Bernstein: An American Musician, Jewish Lives (New Haven, ct, 2014)

Sherman, Steve J., and Robert Sherman, Leonard Bernstein at Work: His Final Years (Milwaukee, wi, 2010)

Simeone, Nigel, ed., The Leonard Bernstein Letters (New Haven, ct, 2013) —, Leonard Bernstein: West Side Story, Landmarks in Music since 1950 (London, 2009)

Smith, Helen, There's a Place for Us: The Musical Theatre Works of Leonard Bernstein (London, 2011)

Wells, Elizabeth A., West Side Story: Cultural Perspectives on an American Musical (Lanham, md, 2011) Websites

The Leonard Bernstein Estate www.leonardbernstein.com

The Library of Congress's American Memory site, offering an electronic window into the Bernstein Collection

http://memory.loc.gov/ammem/lbhtml/lbhome.html

音乐唱片和录影精选

几乎找不到比伯恩斯坦留下的录音遗产还要多的古典音乐家,并且,在指挥家之中,他是最早一批认真探索视频音像的可能性的。下面,首先提供的是伯恩斯坦作品的 CD 和 DVD 版本,多数都由作曲家自己担任指挥。《伯恩斯坦指挥伯恩斯坦》(*Bernstein conducts Bernstein*)(德意志留声机公司 469 829 - 2,2002)是七张 CD 的合集,伯恩斯坦在其中指挥了他的众多主要作品。第二个列表收录的是作曲家没有参与的演出作品,提供的是其他重要作品的录音实例。第三个列表收录的是伯恩斯坦指挥其他作曲家的作品的音像——这些作曲家通常被视为他的阐释专长领域。《伦纳德·伯恩斯坦:交响乐版本》(*Leonard Bernstein: The Symphony Edition*)(索尼古典 88697683652,2010)是对伯恩斯坦的录音作品的大型合集,主要是他与纽约爱乐乐团完成的,涉及许多作曲家的作品。《伦纳德·伯恩斯坦:音乐会合集》(*Leonard Bernstein: The Concert Collection*)(库尔特视频 d1525,2005)是一部九张影碟构成的合集,收录的是伯恩斯坦指挥的(有时是在钢琴旁)贝多芬、拉威尔、柏辽兹、威尔第、舒曼和柴可夫斯基的作品(以及他自己的两部交响曲《奇切斯特圣歌》和《塔希提的麻烦》)。第四个列表是从伯恩斯坦的教育视频目录中选出来的。

伯恩斯坦指挥伯恩斯坦

Songfest, Chichester Psalms, National Symphony Orchestra of Washington, Wiener Jeunesse-Chor, Israel Philharmonic Orchestra (Deutsche Grammophon d 112052, 1978)

Symphony no. 3 'Kaddish', Dybbuk Suite no. 2, Montserrat Caballé, Michael Wager, Vienna Boys Choir, Israel Philharmonic

Orchestra, New York Philharmonic (Deutsche Grammophon 423 582-2, 1978, 1981)

Divertimento, Halil, Three Meditations from 'Mass', Jean-Pierre Rampal, Mstislav Rostropovich, Israel Philharmonic Orchestra (Deutsche Grammophon 4497 955-2, 1982)

Overture to 'Candide', Symphonic Dances from 'West Side Story', Symphonic Suite from 'On the Waterfront', Prelude, Fugue and Riffs, Los Angeles Philharmonic Orchestra, Israel Philharmonic Orchestra, Vienna Philharmonic (Deutsche Grammophon 447 952-2, 1982, 1983, 1992)

A Quiet Place, orf-Symphonie-Orchester (Deutsche Grammophon 447 962-2, 1987)

Candide, Jerry Hadley, June Anderson, Adolph Green, Christa Ludwig, Nicolai Gedda, Della Jones, Kurt Ollmann, London Symphony Orchestra and Chorus (Deutsche Grammophon 429 734-2, 1991)

'On the Town' Dance Suite, 'Fancy Free' Ballet, 'On the Waterfront' Symphonic Suite, New York Philharmonic (Sony Classical smk 47530, 1992)

Mass, Alan Titus, The Norman Scribner Choir, The Berkshire Boy Choir, Orchestra conducted by Leonard Bernstein (Sony Classical sm2k 63089, 1997)

The Age of Anxiety (Symphony no. 2), Serenade after Plato's 'Symposium', Lukas Foss, Isaac Stern, Symphony of the Air, New York Philharmonic (Sony Classical smk 60558, 1998)

Jeremiah (Symphony no. 1), The Age of Anxiety (Symphony no. 2), I Hate Music, La Bonne Cuisine, Jennie Tourel, Philippe Entremont, New York Philharmonic (Sony Classical smk 60697, 1999)

Trouble in Tahiti, Facsimile, Nancy Williams, Julian Patrick, Antonia Butler, Michael Clarke, Mark Brown, Columbia Wind Ensemble, New York Philharmonic (Sony Classical smk 60969, 1999)

其他人演奏伯恩斯坦的作品

Complete Works for Solo Piano, El salón México by Aaron Copland transcribed for solo piano by Leonard Bernstein, James Tocco (Pro Arte cdd 109, 1984)

Chichester Psalms, Missa Brevis (also includes William Walton, Belshazzar's Feast), Atlanta Symphony Orchestra and Chorus, conducted by Robert Shaw (Telarc cd-80181, 1989)

Arias and Barcarolles, Songs and Duets, Judy Kaye, William Sharp, Michael Barrett, Steven Blier (Koch International Classics 3-7000-2, 1990)

On the Town, Frederica von Stade, Thomas Hampson, Samuel Ramey, Cleo Laine, David Garrison, Kurt Ollmann, Evelyn Lear, Marie McLaughlin, Tyne Daly, London Voices, London Symphony Orchestra, conducted by Michael Tilson Thomas (Deutsche Grammophon 437 516-2, 1993)

Amber Waves: American Clarinet Music (includes Bernstein's Sonata for Clarinet and Piano), Richard Stoltzman, Irma Vallecillo (rca Victor Red Seal 09026-62685-2, 1996)

West Side Story, Original Broadway Cast (Columbia ck 32603, 1998)

Wonderful Town, Kim Criswell, Audra McDonald, Thomas Hampson, Brent Barrett, Rodney Gilfry, London Voices, Birmingham Contemporary Music Group, conducted by Simon Rattle (emi 7243 5 56753 2 3, 1999)

A White House Cantata (concert arrangement of 1600 Pennsylvania Avenue), Thomas Hampson, June Anderson, Barbara Hendricks, Kenneth Tarver, London Voices, London Symphony Orchestra, conducted by Kent Nagano (Deutsche Grammophon 289 463 448-2, 2000)

A Jewish Legacy (includes vocal music and instrumental works: Israelite Chorus, 'Invocation and Trance' from Dybbuk, Psalm 148, Reenah, Three Wedding Dances, Yevarechecha, Halil, Simchu na, Oif mayn khas'ne, Vayomer elohim, Yigdal, Four Sabras, Silhouette (Galilee), Hashkiveinu, bbc Singers, Rochester

Singers, Milken Archive of Jewish Music (Naxos 8.559407, 2003)

Leonard Bernstein's Peter Pan, Linda Eder, Daniel Narducci, Amber Chamber Orchestra, conducted by Alexander Frey (Koch International Classics 7596, 2005)

伯恩斯坦指挥其他作曲家的作品

Beethoven, Ludwig van, Fidelio, René Kollo, Gundula Janowitz, Hans Helm, Hans Sotin, Manfred Jungwirth, Lucia Popp, Adolf Dallapozza, Karl Terkal, Alfred Sramek, Vienna State Opera Orchestra and Chorus, 1 videodisc (Deutsche Grammophon 00440 073 4159, 2006) —, Symphony no. 9, Ode to Freedom: Bernstein in Berlin, June Anderson, Sarah Walker, Klaus König, Jan-Hendrik Rootering, Bavarian Radio Chorus, members of the Berlin Radio Chorus (gdr) and Dresden Philharmonic Children's Chorus, Bavarian Radio Symphony Orchestra, and members of Dresden Staatskapelle, Orchestra of the Kirov Theatre (Leningrad), London Symphony Orchestra, New York Philharmonic, Orchestre de Paris (Deutsche Grammophon 429 861-2, 1990)

Bernstein in Paris: Berlioz, Requiem, Stuart Burrows, Orchestras and Chorus of Radio France, 1 videodisc (Kultur Video d1354, 2006)

Brahms, Johannes, Four Symphonies, Vienna Philharmonic, 2 videodiscs (Deutsche Grammophon 0440 073 4331 9, 2007)

Copland, Aaron, Appalachian Spring, Rodeo, Billy the Kid, Fanfare for the Common Man, New York Philharmonic (Sony Classical smk 63082, 1997)

Gershwin, George, Rhapsody in Blue, An American in Paris, Columbia Symphony Orchestra, New York Philharmonic (cbs Masterworks myk 42611, 1987)

Haydn, Franz Joseph, The 'London' Symphonies nos. 100–104, New York Philharmonic (Sony Classical sm2k 47557, 1992)

Ives, Charles, Symphony no. 2, The Gong on the Hook and Ladder or Firemen's Parade on Main Street, Tone Roads no. 1: 'All Roads

Lead to the Centre', Hallowe'en for String Quartet and Piano, Contemplations no. 2: 'Central Park in the Dark', A Set of Short Pieces no. 1: Largo Cantabile 'Hymn', Contemplations no. 1: 'The Unanswered Question', New York Philharmonic (Deutsche Grammophon 429 220, 1990)

Mahler, Gustav, Symphony no. 1 'Titan', Symphony no. 2 'Resurrection', Janet Baker, Sheila Armstrong, Edinburgh Festival Chorus, London Symphony Orchestra, New York Philharmonic (Sony Classics sm2k 47573, 1992) —, Symphonies no. 7 and no. 8, Edda Moser, Judith Blegen, Gerti Zeumer, Ingrid Mayr, Agnes Baltsa, Kenneth Riegel, Hermann Prey, José van Dam, Vienna State Opera Choir, Vienna Singverein, Vienna Boys Choir, Vienna Philharmonic, 2 videodiscs (Deutsche Grammophon 0440 073 4091 2, 2005)

Schumann, Robert, Symphonies no. 1 and no. 2, New York Philharmonic (Sony Classical smk 47611, 1993)

Shostakovich, Dmitri, Symphony no. 5, New York Philharmonic (cbs Records myk 37218, 1981)

Stravinsky, Igor, Le Sacre du printemps, Pétrouchka, Israel Philharmonic (Deutsche Grammophon, 1983, 1984)

Wagner, Richard, Tristan und Isolde, Hildegard Behrens, Peter Hofmann, Yvonne Minton, Hans Sotin, Bernd Weikl, Bavarian Radio Symphony Orchestra (Philips 410 447-2, 1984)

教育视频

The Unanswered Question: Six Talks at Harvard by Leonard Bernstein, 6 videodiscs (Kultur d1570-1 - d1570-6, 1992)

Leonard Bernstein's Young People's Concerts, 9 videodiscs, New York Philharmonic (Kultur Video d1503, 2004)

Leonard Bernstein Omnibus: The Historic tv Broadcasts on 4 dvds (Archive of American Television e1e-dv-6731, 2009)

致谢

我必须首先感谢Reaktion图书公司的本·海耶斯，是他邀请我写这册书。在整个过程中，他的鼓励和富有见识的建议都弥足珍贵。四十年来，伦纳德·伯恩斯坦一直是我的兴趣所在，而这个项目令我拓展了自己对于这位音乐家其人、其丰富多彩的职业生涯以及其创作成果的知识和理解，再令人高兴不过。我之前针对伯恩斯坦所做的工作多数与他的作品相关，或是对他音乐的思考，而今有机会为这位令人着迷的人物贡献一本传记，我感到十分高兴。

我希望能在这册书中对伯恩斯坦做出虽简要但独一无二且富有纹理的审视，能够覆盖他的性格、私人生活还有职业生涯的不同方面：指挥家、作曲家、钢琴家、教师、作家和媒体人物。在音乐这个行当，从业者往往不只局限于一个领域的活动，不过没有多少音乐家能够像伯恩斯坦一样有意开辟出如此广阔的一片天地。在我之前，已经有不少学者做过这方面的工作，我从他们那里受益匪浅，特别是传记作家汉弗莱·伯顿——他受到"伯恩斯坦遗产"委托为其作传，并于1994年出版了巨著。伯顿在传记中绝妙地平衡了叙事，而这本书中关于这个人物的生活和工作的故事至今仍然是最为详尽的。梅里尔·塞克雷斯特和艾伦·肖恩各自完成的传记也为我提供了有用的知识和视角。奈杰尔·西梅奥内在2013年出版了伯恩斯坦的书信,这卷书卓尔不群、发人深省,在我的这项研究中已不知道引用了这个书信集多少次。同样特别有帮助的是《纽约时报》上的诸多文章——这是伯恩斯坦的第二故乡的报纸,从音乐家在1943年小有名气开始就对其作品和指挥进行了覆盖和批评。

在我长久痴迷于伯恩斯坦及其音乐的过程中,许多人给予了我帮助。我在俄亥俄州立大学期间的硕士论文以阿隆·科普兰对伯恩斯坦的影响为题。我感谢我的导师赫伯特·利文斯顿,他浇灌了我对美国音乐的喜爱,并且帮助我初次窥得高级研究为何物。在完成这部文献期间,伯恩斯坦接受了我的访谈;他对一位年轻的研究生能有这样的兴趣,这令我时至今日依然铭感于心。尽管我的博士论文选题截然不同,但还是必须要感谢我在北卡罗莱纳大学教堂山校区的导师詹姆斯·普鲁厄特,感谢他对这个领域的深情和投入以及对于传播知识的热爱。我自20世纪90年代末重新回到美国音乐方向,开始研究伯恩斯坦和音乐剧,这必须要感谢许多人,感谢他们在时间和专业技能方面给予我的协助以及那些令人愉快的合作经历,还有数不清的恩惠:威廉·埃弗里特、维基·库珀、康斯坦丝·迪策尔、布鲁斯·D. 麦克朗、托马斯·里斯、吉姆·勒夫舍梅尔、迈克尔·巴兹、约翰·格拉齐亚诺、卡罗尔·奥亚、拉里·斯塔、史蒂芬·施瓦茨、锡德·拉明、杰克·戈特利布、伊丽莎白·威尔斯、查尔斯·希罗希·加勒特、托尼·布沙德、埃丽卡·阿伊罗普洛斯、林迅以及其他许多人。我要特别感谢国会图书馆音乐分支的档案管理员马克·伊登·霍罗威茨在伯恩斯坦全集上为我提供的多次帮助,还要感谢伯恩斯坦办公室的玛丽·卡特提供的建议和许可——包括允许我引用伦纳德·伯恩斯坦、费利西娅·伯恩斯坦和塞缪尔·伯恩斯坦,还有征得杰米·伯恩斯坦的许可。库尔特·魏尔基金会的大卫·施泰因和纽约爱乐乐团档案馆的加布列尔·史密斯在我为这册书寻找照片的过程中提供了巨大帮助。我的兄弟道格·莱尔德和我的女儿凯特琳·莱尔德分别体贴地拍了一张照片供我使用。最后,我还必须感谢我的好妻子、我的灵魂伴侣乔伊·莱尔德,感谢她在我写这本书期间给予我的爱、温暖的理解以及长久的支持——事实上,她在我生活的每个方面都是如此。

照片致谢

本书作者和出版者希望对以下这些插图材料的出处以及/或者其对复制这些材料的许可表示感谢。

Photos Bert Bial/New York Philharmonic Archives: pp. 99, 105; Library of Congress, Washington, dc (George Grantham Bain Collection):

p. 28; photos William P. Gottlieb (Library of Congress, Washington, dc (Music Division)): p. 50; photos Doug Hamer/Starlight Theatre: pp. 89, 90; photos Paul de Hueck/Bernstein Office: pp. 6, 147; John F. Kennedy Presidential Library and Museum (Presidential Papers, White House Staff Files of Sanford L. Fox, Social Events, 1961–1964): p. 116; photo Caitlin Laird: p. 17; photo Doug Laird: p. 179; photos Paul Laird: pp. 16, 20, 25, 74, 106, 137, 155, 174, 176; photo courtesy Weill-Lenya Research Center (Kurt Weill Foundation for Music, New York): p. 69; photo courtesy Philharmonic Archive, New York: p. 39; photo Al Ravenna (Library of Congress, Washington, dc（New York World Telegram and The Sun Newspaper Photograph Collection））：p. 79；photo courtesy Steve Wilson/Kansas City Ballet：p. 43.

著译者

作者｜保罗·R.莱尔德 Paul R. Laird

2000年到2009年，担任俄亥俄州立大学音乐学部主任。他教授巴洛克音乐、美国音乐和20世纪音乐课程，研究兴趣包括西班牙和拉丁美洲的维兰契科牧歌、伦纳德·伯恩斯坦、美国音乐剧院和早期弦乐器。已出版作品：《迈向西班牙的一部历史》（1997年）、《伯恩斯坦：研究指南》（2002年）、《巴洛克大提琴复兴：口述历史》（2004年）、《伯恩斯坦的奇切斯特诗篇》（2010年）。

译者｜安帅

北京大学英语语言文学博士，现就职于中国科学院大学外语系，研究方向为叙事学，出版专著一部。

图书在版编目（CIP）数据

伦纳德·伯恩斯坦/ (美) 保罗·R.莱尔德著；安帅译.
-- 上海：上海文艺出版社，2023
（知人系列）
ISBN 978-7-5321-8392-0
Ⅰ.①伦… Ⅱ.①保… ②安… Ⅲ.①伯恩斯坦(Bernstein, Leonard 1918-1990)
—传记Ⅳ.①K837.125.76
中国版本图书馆CIP数据核字(2022)第175626号

Leonard Bernstein by Paul R. Laird was first published by Reaktion Books,
London, UK, 2018, in the Critical Lives Series.
Copyright © Paul R. Laird, 2018
著作权合同登记图字：09-2020-277号

发 行 人：	毕　胜
责任编辑：	陈　蔡
封面设计：	朱云雁
书　　名：	伦纳德·伯恩斯坦
作　　者：	[美]保罗·R.莱尔德
译　　者：	安帅
出　　版：	上海世纪出版集团　上海文艺出版社
地　　址：	上海市闵行区号景路159弄A座2楼　201101
发　　行：	上海文艺出版社发行中心
	上海市闵行区号景路159弄A座2楼206室　201101　www.ewen.co
印　　刷：	浙江中恒世纪印务有限公司
开　　本：	787×1092　1/32
印　　张：	9
插　　页：	3
字　　数：	128,000
印　　次：	2023年3月第1版　2023年3月第1次印刷
I S B N：	978-7-5321-8392-0/K.456
定　　价：	52.00元
告　读　者：	如发现本书有质量问题请与印刷厂质量科联系　T:0571-88855633

I 知人
cons

知人系列

爱伦·坡：有一种发烧叫活着
塞林格：艺术家逃跑了
梵高：一种力量在沸腾
卢西安·弗洛伊德：眼睛张大点
阿尔弗雷德·希区柯克：他知道得太多了
大卫·林奇：他来自异世界
汉娜·阿伦特：活在黑暗时代

弗吉尼亚·伍尔夫
伊夫·克莱因
伦纳德·伯恩斯坦
兰波
塞缪尔·贝克特
约瑟夫·博伊斯
贝托尔特·布莱希特
德里克·贾曼
康斯坦丁·布朗库西

（即将推出）

可可·香奈儿

谢尔盖·爱森斯坦

三岛由纪夫

乔治亚·欧姬芙

马拉美

索伦·克尔凯郭尔

巴勃罗·聂鲁达

赫尔曼·麦尔维尔

伊戈尔·斯特拉文斯基

托马斯·曼

维克多·雨果